동양상담학 시리즈 16

원효의 한마음과 무애상담

박성희 저

학지사

동양상담학 시리즈를 펴내며

　돌이켜 보면 참 오랫동안 한국상담 또는 동양상담에 대한 연구와 논의의 필요성을 느껴 왔다.

　처음 상담계에 입문할 때는 그저 서양에서 들어온 지식을 열심히 섭취하여 상담을 잘하기만 하면 그만이라고 생각했다. 상담의 발상지가 서양이니까 그렇게 하는 게 하나도 이상할 것이 없고, 또 상담계에 종사하는 모든 사람이 그렇게 하니까 아무런 의구심이 들지 않았다. 하지만 시간이 지나면서 조금씩 내가 하는 일에 무엇인가가 빠져 있다는 사실을 눈치채기 시작했다. 서양 사람들에게서 뽑아낸 상담 지식을 한국 사람에게 그대로 적용하는 데 무리가 있다는 점을 알게 된 것이다. 그러니까 그때까지 나는 한국 사람을 서양 사람 대하듯 상담해 왔다. 이런 사실을 알게 되면서 내심 무척 당황하고 부끄러웠다. 한국 사람과 서양 사람이 모든 점에서 똑같다면 몰라도, 그렇지 않다면 맞지 않는 옷을 어색하게 입히려는 우스꽝스러운 짓을 하고 있었던 셈이다.

　이때부터 나의 고민은 시작되었다. 어떻게 하면 한국 사람에게 어울리는 상담을 할 수 있을까? 어떻게 하면 한국 사람에게 적합

한 상담 지식을 찾아내고 이를 체계적으로 정리할 수 있을까? 어떻게 하면 한국적 문화와 역사와 전통을 반영한 상담 이론을 구성할 수 있을까? 이런 고민 끝에 한국인의 일상생활에 스며 있는 삶에 대한 철학과 사상과 문화적 전통을 뒤져 보자는 생각을 하게 되었다. 그렇게 해서 이 책에 실린 원고들을 하나씩 쓰기 시작하였다. 이때 우연히 이웃나라 일본의 상담학자들도 일찌감치 나와 같은 고민을 하며 일본식 상담을 개발하였다는 사실을 접할 수 있었다. 모리타 상담과 나이칸 상담은 그들의 치열한 문제의식에서 비롯한 일본식 상담론으로서 우리가 한 번쯤 살펴볼 만한 가치가 있다. 이 책의 제목을 한국상담이 아닌 동양상담이라고 붙인 것은 일본식 상담이 포함되었기 때문이기도 하고, 동양사회를 관통하고 있는 유·불·도 삼가의 사상이 주요 주제로 다루어지고 있기 때문이기도 하다.

처음 이 원고를 집필하기 시작할 때는 한 권의 단행본으로 출판하려고 하였다. 그러나 작업을 하다 보니 앞으로도 이런 작업이 끝없이 이어져야 할 거라는 생각 그리고 연구가 완성될 때까지 오래 기다리기보다 그때그때 신속하게 연구 결과를 보고하는 편이 나을 거라는 생각이 들었다. 이 시리즈의 첫 원고가 이미 5년 전에 탈고되었다는 점이 이런 생각을 굳혔다. 앞으로 이 시리즈가 계속되기를 기대한다. 필자 역시 작업을 계속하겠지만, 한국상담과 동양상담에 관심 있는 상담학도라면 누구라도 이 작업을 이어갈 자격이 있다. 그리하여 앞으로 100권, 200권을 넘어서까지 이 시리즈가 쌓여 가기를 바란다. 감히 말하건대, 이 시리즈 목록의 길이는 한국상담의 성숙도를 보여 주는 바로미터가 될 것이다.

필자는 상담을 전공하는 후학들이 '우리와 우리 것'에 대해 관심 가지기를 간절하게 바란다. 원고를 쓰면서 우리 역사, 사상, 철학, 문화 속에 상담 정신이 깃든 자료가 그렇게 풍부하다는 데 정말 놀랐다. 그럼에도 불구하고 이런 자료들이 상담학도들의 눈에 띄지 않았다는 사실이 참 이상하다. 다소 늦기는 했지만 이 자료들을 정리하여 현대 상담 속으로 끌어들일 때가 되었다. 외국으로부터 배울 것은 배우되, 온고지신하는 마음으로 우리 것을 품어서 한국상담학을 정립해 가는 창조적인 작업에 모두 동참하자.

이 작업을 시리즈로 기획하자고 제안하신 김진환 사장님 그리고 상담에 대한 깊은 애정을 가지고 정말 꼼꼼하게 교정과 편집 책임을 맡아 주신 최임배 부사장님에게 감사의 말씀을 드린다. 앞으로도 좋은 상담 책을 많이 출판하여 한국상담계의 발전에 큰 몫을 담당해 주시기 바란다.

2007년 청주 원봉산 자락에서
박성희

머리말

　필자는 지난해인 2015년도에 『나의 '지금'에게 길을 묻다』라는 책을 냈다. 상담 공부를 하며 살아온 35년 그리고 60세를 맞이하며 인생의 중간 결산을 해 보자는 생각으로 낸 책이다. 내 나름대로 살아가는 이유와 방법을 정리해 본 것이다. 그런 필자에게 원효와의 만남은 충격이었다. 내가 가진 생각을 나와 비교가 안 될 정도로 정교한 용어와 논리를 동원하여 풀어 가는 원효 앞에서 나는 정신이 멍해졌다. 1,400년이라는 세월의 흐름이 무색하게도 원효가 풀어 가는 마음과 상담의 세계는 작금의 그 어느 상담학자도 따라가지 못할 최고의 경지에 이르러 있었다. 동양상담을 탐구해야 한다고 외치던 지난 10여 년 동안 무엇에 정신이 팔려 원효를 만나지 못했는지 나 자신이 한심하고 원망스러웠다.

　원효와의 만남이 이루어진 것은 동국대학교 박태원 교수의 『원효: 하나로 만나는 길을 열다』를 통해서다. 원효 철학의 요체를 '언어 환각'과 '실체 환각'으로 풀어낸 박 교수의 글은 나에게 '다른' 상담의 가능성을 보여 줌과 동시에 원효에 대한 관심을 불러일으켰다. 그리하여 원효의 글에 대한 주석서와 해설서를 찾아

읽게 되었고, 그중 『대승기신론소』 『대승기신론별기』 『금강삼매경론』에 관한 글에서 많은 감동과 감명을 받으며 '다른' 상담에 대한 밑그림을 그릴 수 있었다. 철학자도 불교학자도 아니요, 마음 철학에 대해서 별로 아는 것이 없는 상태에서 큰 욕심을 내게 된 계기가 이렇다. 그러나 무식하면 용감하다고 늘 그래 왔던 것처럼 이번에도 틀릴 것을 두려워하지 않는 '상담학적 상상력'에 의지하여 원효의 주장을 이해하고 이를 새로운 상담의 틀에 담으려고 노력하였다. 다행인 것은 생각이 막히고 글이 멈추는 고비마다 마치 누가 도와주는 듯 묘하게 돌파구가 열리고 새로운 통찰이 찾아왔다. 어제 저녁에 막힌 생각이 자고 나면 풀리는 식이었다. 『대승기신론』을 강해한 한자경 교수와 중관학을 알기 쉽게 설명한 김성철 교수의 글을 만난 것들도 모두 그렇다. 박태원 교수가 고백했던 것처럼 글을 쓰면서 마치 원효가 뒤에서 지켜보며 박수를 쳐 주는 듯 신비로운 느낌에 사로잡히곤 했던 시간은 평생 잊지 못할 머무르고 싶은 순간들이다.

원효의 삶과 사상을 바탕으로 탄생한 상담의 이름을 '무애상담'으로 선정했다. 모든 것에 열리고 모든 것을 포용하는 '하나 되는 마음'을 주장하는 이론가이면서 그 무엇에도 걸리지 않는 거침없는 '무애행'을 실천한 원효를 한마디로 가장 잘 대표할 수 있는 용어가 '무애'다. 의식과 무의식을 아우르며 존재 전체에 전혀 막히고 걸릴 것이 없는 대자유를 향유한다는 의미의 '무애'는 원효를 가장 잘 드러낼 뿐 아니라 모든 사람이 지향해야 할 좋은 삶의 원형으로서 넘치는 가치가 있다. 원효의 삶과 철학에 뿌리를 둔 상담을 무애상담이라고 부르는 것은 너무나 당연하다.

무애상담은 마음을 채우는 것이 아니라 비우고, 마음에 무엇을 더하는 것이 아니라 덜어 내려고 한다. 그러니까 무엇인가를 더 추가하고 다듬고 세련되게 하는 '플러스' 상담이 아니라 원래의 모습을 회복하기 위하여 줄이고 제거하고 소멸시키는 '마이너스' 상담이다. 이런 점에서 무애상담은 기존의 서양상담과 뚜렷한 차이가 있다. 그동안 동양상담의 정체성을 찾기 위해 여러 가지 개념을 탐색해 왔는데, 이들은 모두 '마이너스' 상담이라는 개념으로 수렴될 수 있을 것이다. 아울러 '마이너스' 상담은 동양상담을 대표할 뿐 아니라 서양상담까지도 포용하는 상담의 새로운 패러다임으로 자리 잡을 필요가 있다. 서양상담이 봉착한 철학적·방법적 한계를 극복할 수 있는 대안을 여기서 찾을 수 있을 것이기 때문이다.

무애상담은 이제 새롭게 시작하는 상담이다. 이 책이 계기가 되어 앞으로 무애상담의 원리와 철학 그리고 방법과 전략들이 더 탐구되어야 할 것이다. 제아무리 좋은 지식이 있어도 삶의 현장에 적용되지 않는다면 아무 소용이 없다. 실천 활동인 상담에서는 더욱 그렇다. 따라서 무애상담의 이론적 탐색과 병행하여 실천적 연구가 뒤따라야 한다. 원효의 위대한 사상 그리고 그에게서 비롯된 무애상담이 활성화됨으로써 고통에서 해방되어 평안하고 자유로운 삶을 누리기 원하는 모든 사람에게 도움이 되기를 기대한다.

이 책의 교정 작업에 참여해 준 이재용 선생과 최준섭 선생, 별로 돈벌이가 되지 않는 『동양상담학 시리즈』의 출간을 성심껏 지원해 주시는 김진환 사장님과 학지사 직원들에게 감사드린다. 그리고 책의 겉과 속을 예쁘고 충실하게 꾸며 주신 편집자 박지영 님에게 감사의 인사를 드린다.

2016년 청주 원봉산 자락에서
박성희

차 례

1

왜 원효인가

원효(617~686)는 신라의 고승이며 철학자로 알려져 있다. 지금으로부터 무려 1400여 년 전에 살았던 원효를 현대 상담과 관련짓는 특별한 이유는 무엇일까? 이런 의문은 원효의 생애와 사상을 음미하면 자연스럽게 해소될 수 있다. 특히 그의 대표작이라고 할 수 있는 『대승기신론소』 『대승기신론별기』 『금강삼매경론』 『십문화쟁론』 속에는 현대 상담학이 귀를 기울이고 발전시켜야 할 소중한 상담 지식이 숨어 있다. 이 글은 『대승기신론소』 『금강삼매경론』을 중심으로 원효의 사상을 더듬으며 현대 상담이 나아갈 길을 밝히고자 한다.

원효는 무애자재한 삶을 산 것으로 유명하다. 『삼국유사』에 등장하는 다음 구절은 원효의 무애한 생활을 생생하게 증언한다.

원효는 이미 계율을 저버리고 설총을 낳은 뒤에는 속복으로 갈아입고 자기를 스스로 일컫기를 '지극히 하찮은 근기를 지닌 사내(소성거사)'라고 하였다. 어느 날 우연히 어떤 광대가 큰 탈바가지를 가지고 춤추고 희롱하는 것을 보니 그 형상이 너무나 빼어나고 기발하였다. 원효는 그 탈바가지의 모습을 따라 불구(佛具)를 만들었다. 『화엄경』에 나오는 '일체에 걸림 없는 사람이 한 길로 삶과 죽음을 벗어났느니'라는 구절을 따서 이름하여 '거리낌이 없는(無碍, 무애)' 도구라 하였다. 이에 노래를 지어 세상에 유포시켰다. 일찍이 불구를 가지고 많은 촌락에서 노래하고 춤추며 교화하고 읊고 돌아왔으므로 가난뱅이나 코흘리개 아이들까지도 모두 부처의 이름을 알게 되었고 일제히 '나무아미타불'을 부르게 되었으니 원효의 법화는 컸던 것이다(고영섭, 2009, p. 138).

필자는 『삼국유사』의 이 기록 속에서 원효와 상담을 연관시키는 단서 네 가지를 찾아낼 수 있었다. 원효가 불교의 계를 어기고 성관계를 가져 자식(설총)을 낳았다는 점, 파계를 한 이후 스님으로 돌아가지 않고 일반인(거사)으로 살았다는 점, 남녀노소와 빈부귀천을 막론하고 사람들에게 찾아가 자기가 찾은 진리(불교의 진리)를 전파하려고 노력했다는 점, 그리고 진리를 전하는 과정에서 아무런 거리낌이 없는 언행(無碍行, 무애행)을 활용했다는 점이다. 이 네 가지 사항이 현대 상담과 관련하여 왜 중요한지 순서를 바꾸어 살펴보자.

첫째, 원효가 불교적 깨달음을 얻었다는 사실이다. 불교적 진리는 한마디로 '마음'에 관한 진리(정승석, 1996)라고 요약할 수 있다. 그리고 그 마음에 대한 진리는 고통을 해결하고 행복한 삶을 영위할 수 있는 이고득락(離苦得樂)의 원리와 방법에 집중되어 있다(박태원, 2014). 따라서 원효가 깨달음을 얻었다는 말은 그가 이고득락하는 원리와 방법에 통달했다는 말인데, 이런 사실은 행복한 삶을 추구하는 현대 상담의 목표에 이미 도달한 자로서 원효의 상담학적 가치를 드러낸다. 현대 상담이 추구하는 이상적 삶의 원형으로서 원효를 높이 평가할 수 있다는 말이다. 따라서 우리는 원효를 통해 마음을 다스리는 현대 상담의 원리와 방법을 배울 수 있을 것이다.

둘째, 원효는 자신의 깨달음을 홀로 간직하지 않고 수많은 대중과 함께 나누어 가지려고 했다. 마음에 관해 자신이 깨달은 바가 다른 사람들의 삶에도 도움을 줄 것이라는 확신을 가지고서 가능한 한 많은 사람에게 행복하게 사는 삶을 안내하는 일을 자처하고 나선 것이다. 이는 원효의 깨달음이 일반 대중도 쉽게 이해하고 따를 수 있는 '쉬운' 것이기 때문에 가능하다. 만일 원효의 깨달음이 매우 어렵고 고답적인 것이기만 하였다면 일반 대중에게 원효는 그저 그림의 떡에 불과했을 것이다. 절실하면서도 쉽기 때문에 원효의 깨달음과 주장이 대중에게 확산될 수 있었을 것이다. 이런 점에서 원효는 시공을 초월하여 오늘을 사는 현대인에게도 적용될 수 있는 소중한 삶의 원리와 방법을 제공한다.

셋째, 인류가 보편적으로 따를 수 있는 삶의 원리를 제시하기 위하여 원효는 불교의 울타리를 과감하게 벗어났다는 해석이 가능하다. 원효는 불교에서 말하는 소위 파계를 감행한다. 요석공주와 성관계를 갖고 아들 설총을 낳은 것이다. 불교에서는 이를 파계라고 말하지만 단순한 파계가 아니라 인연 따라 자연스럽게 살아간 행적이라고 보는 시각(이기영, 2005)도 있다. 만일 원효가 파계한 것을 후회하고 다시 스님으로 돌아갔다면 원효의 깨달음은 불교적인 것으로 한정될 수밖에 없었을 것이다. 하지만 파계를 한 이후 일반인으로 생활하며 자신의 깨달음을 세상에 적극 전파한 사실로 미루어 원효의 깨달음은 불교를 넘어서서 모든 인류에게 보편적으로 적용 가능한 진리라는 해석이 가능하다(도병훈, 2003). 진리 또는 깨달음의 보편성을 추구하는 원효의 입장에서 보면 불교라는 울타리가 오히려 걸림돌이 될 수 있다. 따라서 원효의 파계는 우연히 벌어진 실수가 아니라 원효의 주체적 선택이요 결정이라고 해석할 수 있다. 원효의 파계는 자기가 살아가는 시대를 지배하는 사상적 · 철학적 원리가 불교이기 때문에 어쩔 수 없이 불교적 용어와 개념을 사용하였지만 자신이 찾은 진리는 불교를 넘어 인류 전체에게 적용되는 보편적인 것임을 알리려는 원효의 결단을 반영한 것이라고 읽을 수도 있다. 원효의 이런 보편성이 신라와 불교라는 시대와 종교의 장벽을 넘어 현대를 사는 우리에게도 시사점을 제공한다.

넷째, 진리를 전하는 과정에서 아무런 거리낌이 없는 무애행을 펼쳤다는 점이다. 그는 모양이 특이한 탈바가지를 도구로 사용했을 뿐 아니라 춤추고 노래하며 사람들에게 다가갔다. 아마도 원효의 이런 모습은 당시 중·상류 사회에서는 충격으로 여겨졌을 것이다. 육두품 출신의 고급 지식인이며 한때는 고승으로 추앙받던 인물이 '사회적인 상규를 무시한 채' 우스꽝스러운 치장을 하고 서민들과 스스럼없이 어울리는 모습은 능히 그런 추측을 가능케 한다. 하지만 원효의 무애행은 단순히 서민들을 교화하는 수단의 의미만 있는 것은 아니다. 이후에 살펴보겠지만 원효는 치밀한 논리의 전개를 통해 자신의 깨달음의 세계를 드러내는데, 그 깨달음의 핵심에는 존재하는 것과 존재하게 하는 어떤 것을 이렇다 저렇다 규정하는 일 자체가 허망하다는 사실이 담겨 있다. 다시 말해, 세상에 존재하는 모든 것은 실체로 존재하는 것도 아니며, 옳거나 그르다, 좋거나 나쁘다, 선하거나 악하다고 규정할 수 있는 것도 아니다. 다만 사람들이 그림자를 실체로 착각하고 자의적으로 기준을 설정하여 이리저리 판단하고 평가할 따름이다. 따라서 착각을 벗어나고 자의적인 기준을 벗어나면 도대체 닫히고 막힐 것이 없다. 무애행은 바로 이 같은 철학적 원리가 표출된 언행이다. 그러므로 원효의 무애행은 진리 전달의 방편이면서 동시에 진리의 내용이요 실천이다. 실체 개념의 착각과 사회적 기준의 허망함을 드러낸 원효의 철학은 현대 상담에 중요한 시사점을 던져 준다. 상담이 단순히 청담자의 사회적 적응을 돕는 활동에 머물러서는 안 된다는 것이다. 그보다 상담은 청담자의 자기실현을 최대화할 수 있게 돕는 활동임과 동시에 청담자의 사회적 적응을 도우면서 다른 한편으로 청담자 스스로 자기 세계를 찾아갈 수 있게 지원하는 활동이어야 한다. 그러기 위해서 상담자 스스로 자기 깨달음의 내용이 무엇인지 제대로 숙지하고 이를 상담 과정과 활동 속에 녹여내는 일에 주목할 필요가 있다.

2

원효의 논리 전개 방식

원효와 상담을 관련짓는 논의는 불가불 '마음'에 초점을 맞출 수밖에 없다. 원효의 논의 전체가 하나가 된 마음(一心, 일심)에 집중되어 있기 때문이다. 따라서 마음이 어떻게 생겨서 어떻게 기능하는지(마음의 정체와 작용), 마음이 어떻게 문제에 휘말리게 되는지(마음이 물드는 과정), 마음이 어떻게 원래 모습을 회복할 수 있는지(마음의 회복 과정), 마음 수행법 등에 대해 원효가 주장한 내용은 바로 상담의 내용과 방법에 중요한 시사점을 제공한다. 그런데 원효가 말하는 이 마음을 이해하기 전에 원효의 논리 전개 방식과 그의 중심 사상을 먼저 알아야 할 필요가 있다.

원효의 사상 또는 원효가 주석한 『대승기신론』『금강삼매경론』을 이해하려면 무엇보다 먼저 그의 논리 전개 방식에 익숙해야 한다. 그의 글에는 우리가 일상적으로 활용하는 형식적 논리로는 도대체 이해할 수 없는 진술들이 자주 튀어나오기 때문이다. 특히 부정(否定)의 논리가 그렇다. 부정의 논리란 형식논리와 실체 개념을 초월하는 것을 말한다. 원효가 부정의 논리를 즐겨 사용한 이유는 기본적으로 우리가 사용하는 언어 및 논리의 한계와 왜곡을 극복하려는 데서 찾을 수 있다. 대상과 개념을 정확하게 지칭하리라고 여겨지는 언어, 또 그들 사이의 관계를 합리적이고 체계적인 방식으로 표현할 것이라고 여겨지는 논리는 조금만 자세히 분석해 들어가면 허점과 모순투성이라는 사실을 발견할 수 있다. 용수는 『중론』에서 네 가지 논증 방식을 동원하여 우리에게 익숙한 형식 논리를 거침없이 비판하고 있다(서동은, 2008). 가언적 논증, 딜레마에 의한 논증, 무한소급에 의한 논증, 사구부정에 의한 논증이 그것인데, 이들 논증 방식은 형식논리를 따를 때 얻게 되는 우스꽝스러운 결론을 제시하거나 형식 논리로는 납득이 불가능한 사유의 차원으로 우리를 인도한다. 잘 알려진 무한소급에 의한 논증을 들어 보자면, 제논의 유명한 역설인 '화살의 비유'에서는 운동이 부인되고 '아킬레스와 거북이'에서는 빠른 사람이 느린 거북이를 절대로 따라잡을 수 없다는, 실제 '사실'과 부합하지 않는 이상한 결론이 도출된다. 또한 사구부정에서는 '나라는 것이 있기도 하고 있지 않기도 하다.'는, 형식 논리학적 사유로는 도저히 납득이 되지 않는 알쏭달쏭한 논리가 소개된다.

형식적 논리의 이런 한계는 언어가 가진 근본적인 한계와 실체적 존재를 전제하는 형이상학적 패러다임에 기인한다. 언어는 말과 글로 표현할 수 있는 대상을 기호화한 것으로서 인간의 인식과 사고를 전달하는 도구일 뿐 아니라 인식과 사고를 규정하고 구성하는 강한 결정력을 가지고 있다. 그리하여 언어는 언어로 지칭되는 대상들을 실체로 오인하게 하는 막강한 힘을 발휘한다. 그러나 언어는 실체가 아니다. 언어는 그것이 지칭하는 대상의 실체를 직접 드러내는 것이 아니라 실체를 기호화하여 표현하는 하나의 방편일 따름이다. 실체의 존재 유무에 대한 철학적 논쟁을 떠나서 언어가 언어로 지칭되는 대상과 같은 것이 아니라는 사실은 부인할 수 없다. 그럼에도 우리는 일상생활에서 언어로 표현되는 대상을 마치 존재하는 실체로 오해하고 살아간다. 언어가 실체 환각을 일으키는 것이다. 예를 들어, 우리는 '나'라는 낱말이 있으므로 아무런 의심 없이 내가 실체로 존재한다고 믿고 살아간다. 의사가 '우울증'이라는 진단을 내리면 우리는 마치 우울증이라는 실체적 존재가 자신을 침범하고 있다고 받아들인다. 따라서 언어로 구성된 우리의 인식과 사유는 실체로 존재하지 않는 것들을 존재하는 것으로 받아들이는 존재 환각에 사로잡힌다. 언어 환각에 붙들린 인식과 사유가 존재 환각에 사로잡힌 채 그 환각을 증폭시켜 가는 과정을 원효는 '희론(戱論)'이라 하며 경계하고 있다(박태원, 2012). 실체화의 오류와 존재 환각을 일으키는 언어의 이 같은 부작용을 깨뜨리기 위한 방편으로 원효는 부정의 논리를 활용한 것으로 해석된다.

원효는 실체 개념 역시 거부하고 있다. 용수는 『중론』에서 철저한 자기부정 또는 이중부정의 논리를 펼치고 있는데, 이는 모종의 자성(自性)이나 절대적 실체를 전제하고 이에 집착하는 형이상학적 설명 방식을 연기법을 근거로 비판하는 데서 비롯된다(서동은, 2008). 모든 것이 서로에게 의존해서 발생하고(依他起性, 의타기성) 모든 존재의 근원이 인연에 의해 형성되는 것(緣起法, 연기법)이라는 대승불교적 입장에서 보면, 그것이 진리든 깨달음이든 따로 떨어진 어떤 실체를 상정하는 것 자체가 성립되지 않는다. 만일 그런 실체의 존재를 인정하면 불교 논리의 근간인 연기법이 흔들리고 불교에서 무명의 뿌리로 강조하는 '집착'을 비판할 여지가 없어진다. 『중론』에서 용수가 전개한 비판의 핵심은 절대적 실체(본체: 체대)와 현상적 쓰임(작용: 용대)을 나누어 설명하려는 소승불교적 관점이다. 소승불교 역시 대승불교와 마찬가지로 사성제, 연기법, 삼법인 등 불교의 주요 교리를 주장하고 있으나 현상 세계의 찰나성과 일시성을 부각시키기 위하여 논리상 본체와 작용을 분리시키고 있다. 그러나 본체와 작용을 분리하여 설명하는 순간, 작용을 떠나서 영원히 존재하는 본체라는 개념이 수립되고 본체와 작용을 갈라 버리는 주객이원론에 빠져 버리게 된다. 현상계에 존재하는 사실의 세계는 허구인 반면, 현상을 초월한 본체가 영원불멸한 실체로 자리를 잡게 되는 것이다. 이렇게 되면 실체에 대한 집착을 비판할 수 있는 길이 사라져 버리고 불교 철학의 근간인 연기법이 무너지고 만다. 아울러 현상을 초월한 본체는 오로지 사유 속에서만 존재하는 것이므로 결국 '실체 = 사유'라는 결론에 이르게 되는데, 사유가 언어에 종속된 것임을 인정하면 실체를 실체 아닌 것으로 규정하는 모순에 이르게 된다. 결국 소승불교적 설명은 실체 개념이 사유에 종속되고 사유가 언어에 종속된 것임을 망각한 채 실체 개념에 집착함으로써 앞에서 언급한 희론에 빠지는 오류를 저지른다는 것이 용수의 입장인 듯하다. 서양철학에서 실재의 정체를 놓고 전개된 개별자와 보편자, 실재론과 유명론 사이의 논쟁을 연상시키는 이런 논쟁은 기본적으로 언어 및 언어로 구성된 사유의 세계를 벗어날 수가 없다. 따라서 '실체'에 대한 모든 언명, 특히 규정적이고 긍정적인 언명은 오히려 실체에 대한 오해를 불러일으키고 실체에 집착하게 하는 부작용을 낳을 따름이다. 이럴 바에야 차라리 실체에 대한 언어적 표현을 하지 않거나 실체의 존재를 부정하는 편이 나을 수 있다. 용수가 펼친 자기부정 또는 이중부정의 논리는 이 같은 맥락에서 나온 듯하며 원효 역시 같은 논리로 실체 개념에 반대하는 것으로 해석된다.

여기서 사구법(四句法) 또는 사구부정(四句否定)을 통해 용수와 원효가 활용하고 있는 자기부정 또는 이중부정의 논리를 살펴보자. 사구법은 불교의 중관파를 대표하는 용수에게서 비롯된 것으로서 긍정(정립)과 부정(반정립), 다시 긍정함(긍정종합)과 부정함(부정종합)의 네 가지 어구로써 논리의 형식을 분류하는 방법이다. 이를테면 제1구: A이다, 제2구: A가 아니다, 제3구: A이기도 하고 A가 아니기도 하다, 제4구: A가 아니기도 하고 A가 아닌 것이 아니기도 하다(은정희, 송진현 역주, 2000)는 형식이다. '열반'의 존재를 사용하여 사구부정의 예를 들어 보면 다음과 같다.

제1구: 열반은 존재다.
제2구: 열반은 존재가 아니다(비존재다).
제3구: 열반은 존재이기도 하고 존재가 아니기도 하다(비존재이기도 하다).
제4구: 열반은 존재가 아니기도 하고 존재가 아닌 것도 아니기도 하다(비존재인 것도 아니기도 하다).

'열반'은 불교적 색채가 짙은 개념이므로 일상적 용어인 '우울증'을 사용하여 다시 사구부정의 예를 들어 보자.

제1구: 우울증은 있다.
제2구: 우울증은 있지 않다(없다).
제3구: 우울증은 있기도 하고 있지 않기도 하다(없기도 하다).
제4구: 우울증은 있지 않기도 하고 있지 않지 않기도 하다(없지 않기도 하다).

보통 우리가 익숙한 형식 논리는 제1구와 제2구의 범위에 속한다. 그러나 제3구부터는 형식논리학적인 이해가 불가능하다. 형식논리는 기본적으로 실체 개념에 바탕을 두고 전개되기 때문에 실체 자체의 근거를 부정하는 차원에 들어서면 논리 자체가 성립할 수 없다. 사실 용수의 사구부정은 실체 개념에 근거한 형식 논리의 허점을 지적하는 방법의 하나로 제시되고 있는데(서동은, 2008) 특히 제3구와 제4구가 그렇다. 원효의 논설에서도 제3구와 제4구가 자주 활용되고 있는데(은정희, 송진현 역주, 2000, pp. 19, 20, 220, 313, 575, 585, 586), 그는 제3구와 제4구마저 다시 부정하는 논리를 전개하고 있다. 그 예를 들어 보자.

> 진여(眞如)의 자성(自性)은 유상(有相)도 아니고, 무상(無相)도 아니며, 유상이 아닌 것도 아니고 무상이 아닌 것도 아니며, 또 동시에 유상이고 무상인 것도 아니라는 것, (그리고) 같은 상도 아니고, 다른 상도 아니며, 같은 상이 아닌 것도 아니고 다른 상이 아닌 것도 아니며, 또 동시에 같고 다른 상인 것도 아니라는 것을 마땅히 알아야 한다(한자경, 2013, pp. 101-102).

그리고 다른 곳에서는 이렇게 부정할 수밖에 없는 이유를 열매와 종자의 관계를 예로 들어 친절하게 설명하고 있다.

> 열매와 종자는 같은 것이 아니니, 그 모양이 같지 않기 때문이다. 또한 다른 것도 아니니, 종자를 떠나서는 열매가 없기 때문이다. 또 종자와 열매는 단절되는 것이 아니니, 열매가 종자를 이어서 생기기 때문이다. 또한 불변하는 것이 아니니, 열매가 생기면 종자는 없어지기 때문이다. 종자는 열매에 들어가지 않으니, 열매일 때에는 종자가 아니기 때문이며, 열매는 종자를 벗어나지 않으니, 종자일 때에는 열매가 없기

때문이다(은정희, 송진현 역주, 2000, pp. 226-227).

결국 부정의 논리는 진리를 설명하기 위하여 언어에 의존할 수밖에 없지만 언어의 한계와 부작용을 너무나 잘 아는 원효가 취할 수밖에 없었던 고육책이라고 말할 수 있다. 언어를 자유자재로 활용하되 언어를 넘어서 있는 진리의 세계를 드러내는 방식으로 부정의 논리를 채용한 것이다. 말, 글, 이름, 개념과 진여에 대한 원효의 다음 설명이 이를 잘 말해 준다.

만일 마음의 망령된 생각을 여의면 곧 모든 경계의 모습이 없어진다. 이런 까닭에 일체법은 본래부터 언설상(言說相)을 여의었고 명자상(名字相)을 여의었고 심연상(心緣相)을 여의어서 결국 평등하여 변화가 없고 파괴할 수 없는 일심일 뿐이기 때문에 진여라 이름한다. 모든 언설은 가명(假名)이어서 그 실체가 없는 것이니 단지 망령된 생각을 따른 것일지언정 실체를 확보할 수 없기 때문이다. 일체법은 설할 수 없고 생각할 수 없기 때문에 진여라 이름한 것이다(고영섭, 2009, pp. 207-208).

그렇다고 해서 원효가 항상 부정의 논리만 활용한 것은 아니다. 언어는 실체 환각을 불러일으키는 부작용이 있지만 동시에 정확하고 치밀한 사유와 판단을 가능케 한다. 더 나아가 언어는 언어적 환각과 희론에서 탈출하는 통로이기도 하다. 이렇게 언어의 그늘과 빛을 간파한 원효는 맥락과 상황의 실용적 가치에 따라 자유자재로 언어를 사용한다. 때로는 부정의 언어로, 때로는 긍정의 언어로 원효는 환각적 무지를 자각하고 반성하여 이를 극복하는 길로 사람들을 안내한다. 따라서 부정의 논리를 포함하여 원효가 사용한 모든 언어를 진리를 향한 실용적 방편성과 융통성이라는 언어실용주의 차원에서 받아들여야 할 필요가 있다(박태원, 2012).

3

원효의 중심 사상

원효의 사상을 제대로 이해하기는 쉽지 않다. 특히 한문을 직접 해독하기 어려운 필자에게는 더욱 그렇다. 그래도 다행인 것은 원효 저술의 주역서와 해설서들이 존재한다는 사실이다. 필자는 이들 주역서와 해설서에 의지하여 간접적으로나마 원효의 사상을 이해하고 이를 상담과 연결 지으려고 한다. 따라서 필자의 원효 읽기에 오류가 있을 가능성을 배제할 수 없다. 그러나 필자가 상담학자라는 점, 그래서 원효를 읽는 목적이 그로부터 상담학적 지식과 상담자적 자질을 발굴하여 현대 상담에 원용하려는 데에 있다는 점을 고려하여 원효 오독의 부담을 감수하려고 한다. 이 글에서 주로 참고한 서적은 은정희 역주(1991)의 『원효의 대승기신론 소·별기』, 은정희, 송진현 역주(2000)의 『원효의 금강삼매경론』, 한자경(2013)의 『대승기신론 강해』, 박태원의 『원효: 하나로 만나는 길을 열다』(2012) 『원효의 금강삼매경론 읽기』(2014) 등이다. 원전 해독 능력이 없는 필자는 원전의 원문은 팽개쳐 둔 채 거의 전적으로 저·역자들의 글에 의존하였다. 따라서 이 글에서는 자료의 출처를 제시할 때 아예 원전을 인용하지 않고 저·역자들의 번역 내용을 인용할 것이다. 독자들의 양해를 바란다. 그리고 특히 박태원의 원효 해석은 필자에게 원효와 상담을 관련지으려는 아이디어를 제공했음을 밝혀 둔다.

　여기서 소개하는 원효의 중심 사상은 4장에 나올 마음의 정체, 마음이 물들어 가는 과정, 마음이 맑아지는 과정, 마음 수행법을 이해하기 위한 일종의 배경지식이라고 말할 수 있다.

1. 한마음의 두 가지 문(一心二門): 진여문과 생멸문

　『대승기신론』은 진리의 바른 의미를 밝히기 위하여 전체로서 하나인 마음(한마음)을 설정하고 그 하나의 마음이 드러나는 방식을 진여문과 생멸문이라는 두 가지 갈래로 나누어 세밀하게 설명해 나간다. 마음은 하나의 전체로서 그 자체가 늘어나지도 줄어들지도, 새로 생겨나지도 없어지지도 않는 그야말로 항상 진리 자체이므로 진여심(眞如心)이다. 그렇지만 이 마음을 간직하고 있는 사람은 자신의 마음이 진리 자체인 것을 모르고(無明, 무명),

이리저리 분별하는 생각을 따라 허망한 그림을 그리고 환각을 일으켜 생멸하는 마음(生滅心, 생멸심)에 빠져 버리게 된다. 이렇게 마음을 생기지도 멸하지도 않는 진여 자체로 드러내는 것이 심진여문(心眞如門)이고, 생기고 멸하는 변화의 과정을 따라 드러내는 것이 심생멸문(心生滅門)이다(한자경, 2013). 그러니까 모든 것을 포괄하는 전체로서의 마음이 존재하는데 그 마음이 원래 모습 그대로 드러나는 길이 하나 있고, 복잡한 오염과 왜곡의 과정을 거쳐 다른 모습으로 드러나는 길이 또 하나 있다고 보면 된다. 근원은 같은 마음인데 펼쳐지는 양상에 따라 진여문과 생멸문이 갈라진다는 주장이다. 이 두 문의 특성과 기능을 조금 더 자세히 살펴보자.

1) 진여문

진여심 또는 진여문은 마음의 근본 틀을 지칭하는 것으로서 원효가 전개하는 마음 논리의 중핵을 이루는 개념이다. 그러나 원효 스스로 언급하고 있듯이 진여문은 언어와 논리로 설명할 수 있는 것이 아니어서 우리의 인식 작용을 통해서 이를 이해하는 일 자체가 불가능하다. 원효가 부정의 논리를 동원하여 진여를 설명하는 이유가 여기에 있다. 언설을 초월해 있는 존재를 언설로 구체화하는 일은 뚜렷한 한계를 가질 수밖에 없기 때문이다. 원효의 말을 직접 인용해 보자.

이른바 심성은 불생불멸이다. …… 그러므로 일체법(진여)은 본래부터 말을 여의고 이름을 여의고 표상을 여의어서 결국 평등하며 변화가 없고 파괴될 수 없다. 오직 일심일 뿐이기 때문에 '진여'라고 이름한다. 일체의 언설은 거짓 이름이고 실체가 없으며…… 진여라고 말하는 것도 상(相)이 없으니 이는 말로써 말을 버리는 언설의 궁극을 뜻한다. …… 일체법은 말할 수도 없고 생각할 수도 없기 때문에 진여라고 이름한다는 것을 마땅히 알아야 한다(한자경, 2013, pp. 94-98).

이렇게 말할 수도 생각할 수도 없는 것이 진여라면 진여는 이해가 불가한 것으로 여기고 무시해도 되는 것일까? 원효는 그렇지 않다고 대답한다. 진여는 언설 밖의 것이지만, 말로써 말을 벗어나기 위해 언설에 의지해 진여를 분별할 때 두 가지 의미가 있다고 한다. 진여는 비어 있는 실재이며(如實空, 여실공) 동시에 비어 있지 않은 실재(如實不空, 여실불공)라는 주장이다. 여실공이라는 말은 공(空, 비어 있음)이 실재한다는 말로서 진여의 세계가 하나의 빈 세계로 존재하며 현상 세계, 다시 말하면 차별과 생각으로 가득 차 있는 현상 세계와 뚜렷이 구분된다는 뜻이다. '허망한 마음의 염', 즉 차별과 생각이 없이 비어 있기에 능히 진리를 드러낼 수 있으므로 진여라고 말할 수 있다는 것이다.

그리하여 총괄적으로 말하자면 일체 중생이 망심이 있어 생각마다 분별하여 모두 (진여에) 상응하지 않기 때문에 (진여를) 공이라고 말하는 것이다. 만약 망심을 여의면 실제 공이라고 할 만한 것도 없기 때문이다(한자경, 2013, p. 105).

여실불공은 불공(不空, 비어 있지 않음)이 실재한다는 말로서, 진여는 그 자체가 진실한 마음이며 그 안에 일체의 모든 법이 충만하게 갖추어져 있다는 뜻이다. 다시 말해 진여의 세계 안에 진리가 숨을 쉬고 있을 뿐 아니라 이를 충만하게 구현해 갈 기능과 작용이 담겨 있다는 것이다. 허망하게 분별하고 생각하는 망념의 세계와 달리, 진여의 세계에는 진리를 완성하는 청정한 법이 불공의 실재로 갖추어져 있다는 것이다. 앞에서 언급한 여실공의 비어 있음이 실은 비어 있음이 아니므로 불공이라고 말할 수도 있다. 흔히 말하는 진공묘유(眞空妙有)를 연상케 하는 내용이다.

이른바 '불공'은 법체가 공이고 허망함이 없음을 이미 드러냈기 때문에 (그 법체가) 곧 진실한 마음(진심)이며 항상되고 불변하여 정법이 충만하게 갖추어져 있으므로 '불공'이라고 이름한 것이다(한자경, 2013, p. 106).

그렇다면 공과 불공으로 짜인 진여의 세계로 들어가는 방법은 무엇일까? 『대승기신론』은 거스르지 않고 따른다는 의미의 '수순(隨順)'을 그 방법으로 제시한다. 원효에 따르면 수순은 "비록 일체법을 말한다고 해도 능히 말하는 자도 없고 말해질 수 있는 것도 없다는 것, 비록 생각한다고 해도 능히 생각하는 자도 없고 생각될 수 있는 것도 없다는 것을 아는 것"이다(한자경, 2013, p. 99). 다시 말하면, 말을 하되 그 말을 하는 주체(能說, 능설)와 말로 표현되는 객체(所說, 소설)가 따로 없고 생각을 일으키되 생각하는 주체(能念, 능념)와 생각되는 대상(所念, 소념)이 따로 없음을 아는 것이 수순이라는 것이다. 소위 주체와 객체, 능견과 소견의 차별적 이원성을 넘어선다는 뜻이다. 말을 하지 않는 것이 아니라 말을 하면서도 말을 넘어서 말에 집착하지 않고, 생각을 하지 않는 것이 아니라 생각을 하면서도 생각을 넘어서서 생각에 집착하지 않는 것, 즉 말을 하고 생각을 하면서 바로 그 순간 그로부터 자유롭게 되는 것이 진여에 수순하는 방식이라는 의미다. 이렇게 수순하는 방법을 통해 생각을 없이하고 생각을 잃어버리는 경지에 도달할 때 진여에 들어가는 체험을 하게 되는데 원효는 이를 '득입(得入)'이라고 불렀다.

그런데 원효의 주장인 말하는 자도 없고 말해질 수 있는 것도 없다는 것, 생각하는 자도 없고 생각될 수 있는 것도 없다는 것을 아는 것이 어떻게 가능할까? 일단 말하는 자, 생각하는 자로 표현되는 '주체'가 실체로 존재하지 않음을 알아야 할 것이다. 연기법의 논리를 따르면 결국 '나'라는 것도 실체가 없는 '무아'로 귀결된다. 따라서 말하는 주체로서의 '나'가 사실은 허구적인 존재에 불과하다는 점을 깨달을 때 자연스럽게 말을 하면서도 말하는 자가 없다는 모순된 발언을 할 수 있다. 말해질 수 있는 것, 즉 말의 대상이나 객체에 연기법의 논리를 적용해도 똑같은 결론을 얻을 수 있다. 어느 순간 하나의 주장으로 어떤 내용이 말로 표현되지만 그 말의 내용 역시 연기적 인연에 따라 잠시 형성된 것일 따름이지 고정 불변의 실체적 진실은 아니기 때문이다. 이렇게 '말하는 나'와 '말해지는 내용'이 모두 실체가 없는 연기적 존재들이라면, 그것들이 없다는 주장 역시 가능하고 따라서 이를 아는 사람이 능(能)과 소(所)에 해당하는 그것들에 집착하지 않고 자유로워지는 일 역시 충분히 가능하다.

2) 생멸문

생멸심 또는 생멸문은 한마디로 인간이 대면한 일상적인 현실의 세상으로 나아가는 마음이다. 새로 생기고 없어지고 늘어나고 줄어드는 변화와 유동이 가득한 실존의 세계가 바로 그것이다. 이 실존의 세계에서 우리는 언어와 생각에 의지하여 현상을 인식하고 경험하며 구체적인 삶을 펼쳐 나간다. 그런데 생멸문은 두 가지 방향으로 삶을 이끈다. 하나는 깨달음(覺, 각)의 방향이고 다른 하나는 깨닫지 못함(不覺, 불각)의 방향이다. 진여심을 자각한 상태에서 생멸하는 변화의 과정에 집착함이 없이 자유롭게 살아가는 각의 방향이 있는 반면, 진여심을 자각하지 못한 상태에서 분별과 차별로 가득한 망령된 생각에 사로잡혀 살아가는 불각의 방향이 있다. 자신의 마음을 진여로 자각하지 못하여 무명(無明)에 가려진 채 허망한 생각을 가지고 이리저리 흔들리며 살아가는 것이 불각의 방향이라는 말이다. 『대승기신론』은 이를 바닷물에 비유하여 설명하고 있다.

> 마치 큰 바다의 물이 바람의 파도에 의해 움직이는데 물의 모습과 바람의 모습이 서로를 여의지 않지만, 물은 움직이는 성품이 아니므로 만일 바람이 멎으면 움직이는 모습은 따라 멸하되 습한 성품은 파괴되지 않는 것과 같기 때문이다(한자경, 2013, p. 144).

잔잔하던 바다에 바람이 불면 파도가 일어나지만 파도도 원래 바닷물이다. 바람에 의해 움직인다고 해서 파도가 바닷물이 아닌 다른 것이 되는 것은 아니다. 그런데 만일 파도가 자신이 바닷물이라는 사실을 모르고 (바람으로 인해) 움직이고 있는 자신의 모습이 전부라고 안다면 이는 무명에 사로잡혀 자신의 본성을 오해하는 셈이다. 자신이 바람 때문에 움직이고 있지만 여전히 바닷물이라는 사실을 알고 있다면 비록 움직이고 있더라도 자신의 진정한 모습을 착각할 이유가 없다. 결국 생멸심은 자신의 본성 또는 마음의 본질에 대한 자각 여부에 따라 각과 불각이라는 전혀 다른 삶으로 나타날 수 있다.

3) 진여문과 생멸문의 관계

앞에서 든 바닷물과 파도의 예는 생멸심과 진여심이 서로 의지하고 있다는 사실을 확인시켜 준다. 다시 말하면, 생멸심과 진여심은 하나의 마음이다. 파도와 바닷물이 본성에서 하나이듯이 생멸심과 진여심은 하나의 마음이다. 다만 바람이 가라앉으면 파도가 바닷물로 돌아가듯, 생멸심 역시 이를 일으키는 분별과 생각과 망상이 가라앉을 때 진여심으로 돌아간다. 문제는 바람으로 비유되는 분별, 생각, 망상에 있다. 대상을 나누어 차별하고 생각을 앞세우며 망상에 빠지는 과정을 통해 구름이 태양을 가리듯 진여심을 가려 버린다. 그리하여 생멸심은 하염없이 이들에게 끌려 들어가고 결국 불각의 방향으로 내달리게 된다. 반면, 분별에서 망상에 이르는 무명의 과정을 자각하고 이를 벗어나 앞에서 말한 수순의 단계로 들어서면 생멸심은 각의 방향으로 향하게 된다. 결국 생멸문은 여실공과 여실불공으로 짜인 진여의 세계로 안내하는 문이 될 수도 있고, 무명과 무지로 채워진 오염된 세계로 이끄는 문이 될 수도 있다(김형효, 2000).

그런데 원효는 진여문과 생멸문을 물듦(染, 염)과 맑음(淨, 정)을 예로 들어 서로 통한다는 통상(通相)과 서로 구분된다는 별(別)의 관계로 설명하기도 한다. "진여문은 염정의 통상으로서 통상 이외에 별도의 염정이 없다. 그러므로 염정 제법을 총섭할 수 있다. 생멸문은 염과 정을 별도로 드러내는데, 염정의 법이 갖추어지지 않은 것이 없다. 그러므로 또한 일체 제법을 총섭할 수 있다."(한자경, 2013, p. 92) 그러니까 진여문에서는 물듦과 맑음이라는 차별이 없이 서로 평등하게 통하는 것이 전부인 반면, 생멸문에서는 물듦과 맑음이 분명하게 차별화된다는 것이다. 그러면서 이들의 관계를 질그릇의 원재료가 되는 미세한 흙(미진)과 그 흙으로 만들어진 질그릇에 비유하여 설명한다. 원재료인 흙에서는 모든 질그릇의 차이가 사라진 통상이 보이고 각 질그릇에서는 형태가 전혀 다른 별상이 보인다. 그럼에도 흙은 모든 질그릇을 다 포함하며 질그릇 역시 흙을 다 포함하고 있다. 이처럼 흙이 질그릇을 떠나지 않고 질그릇과 함께 있듯이 진여는 생멸문 안에 이미 다 포함되어 있다는 것이다.

여기서 한 가지 의문이 생긴다. 만일 진여가 물듦과 맑음을 차별 없이 포괄하는 통상(通相)이라면, 그리고 모든 것에 이미 다 포함되어 있는 것이라면, 무명과 무지로 채워진 오염된 세계 역시 진여가 담겨 있는 세계라고 말할 수 있을까? 원효의 논리를 따르면 그렇다고 대답할 수밖에 없다. 진여는 이름이 붙여지는 차별의 세계를 벗어나 있으면서 동시에 모든 것에 포함되어 있다는 논리를 따르면 무명, 무지는 물론이요 극한 오염 속에도 진여는 존재한다고 봐야 한다. 다시 말해, 진여는 세상에 있는 삼라만상 그리고 그것이 긍정적이든 부정적이든 사람의 마음에 일어나는 모든 것 속에 존재한다. 그렇다고 할 때 진여로 이끄는 생멸문과 오염으로 이끄는 생멸문의 차이는 어디에 있다는 말인가? 해답은 각(깨달음)에서 찾을 수밖에 없을 것 같다. 진여를 자각하는 마음, 좀더 구체적으로는 여실공과 여무실공을 자각하는 마음, 바로 여기에서 답을 찾아야 할 것이다. 비록 무명에 파묻혀 망상에 헤매고 있을지언정 어느 순간 그 망상의 근본이 공임을 자각하고 이를 거두어들일 때, 곧바로 진여의 세계 속으로 진입한다고 봐야 할 것이다.

한자경(2013, pp. 86-88)은 원효가 말하는 진여문과 생멸문의 관계를 그림과 도화지에 비유하여 설명하고 있다. 그림은 도화지 위에 그려진다. 그리고 그림은 도화지 위에서 더 그려지기도 하고 지워지기도 한다. 이렇게 그림은 도화지 위에서 생멸하고 증감한다. 반면, 그림이 그려지는 도화지는 그려지는 내용과 아무 상관없이 늘 그 자리에 머물러 있다. 그림은 항상 거기 머물러 있는 도화지에 의존하여 자기 모습을 드러낼 따름이다. 따라서 도화지와 그 위에 그려진 그림은 서로 분리된 별개의 것이 아니라 하나의 다른 측면이다. 여기서 불생불멸의 바탕으로 작용하는 도화지는 진여문을 말하고, 그 위에 생멸하는 모습으로 그려지는 그림은 생멸문을 말한다. 이렇게 도화지와 그림처럼 진여문과 생멸문은 떨어질 수 없는 하나의 다른 측면들이다. 동시에 그림이 도화지에 대해 그런 것처럼 생멸문은 항상 진여문에 그 바탕을 두고 성립하는 의존적 존재다. 생기고 멸하는 생멸상은 독자적인 자기의 본체(本體)가 없이 늘 진여문을 체로 삼아 성립할 따름이라는 말이다. 그러나 우리의 눈에 도화지는 보이지 않고 그림만 보이기 때문에 존재하는 것은 오직 그림뿐이라는 착각에 빠지는 것처럼, 우리의 일상에서 진여문은 생멸 현상에 가려져 있기 때문에 그 존재가 쉽게 의심되고 무시된다. 그리하여 진여를 본성으로 삼고 있는 자신을 자각하지 못한 채 생멸하는 현상 세계에 집착하고 거기에 매이는 종의 생활을 벗어나지 못한다. 여기서 생멸의 내용은 중요하지 않다. 그것이 아무리 좋은 것이라 할지라도 그 배후에 있는 진여를 자각하지 못한 채 생멸하는 현상에 집착하는 한 무명 속에서 헤매는 삶을 벗어나기 어렵다. 반대로 그것이 아무리 심하게 오염된 것일지라도 거기서 진여를 자각하고 있다면 집착으로부터 벗어난 대자유를 만끽할 수 있을 것이다.

앞에서 바다와 파도, 흙과 질그릇, 도화지와 그림을 예로 들어서 진여문과 생멸문의 관계를 설명했지만, 결국 진여문과 생멸문은 하나의 마음 안에 포함된 두 가지 다른 세계로 안내하는 문이라고 말할 수 있다. 그리고 마음이 진여문과 생멸문 중 어느 방향으로 향할지 결정하는 문제는 각(覺)이라는 깨달음의 문제에 집중되어 있음을 알 수 있다. 그렇다면 원효가 말하는 깨달음은 어떤 것일까?

2. 세 가지 깨달음: 본각, 시각, 불각

원효는 깨달음을 본각(本覺), 시각(始覺), 불각(不覺)의 세 가지로 나누어 설명한다. 본각은 마음 안에 간직된 본래적 깨달음, 시각은 비로소 깨달음, 불각은 깨닫지 못함을 뜻한다. 그러나 이 세 가지 깨달음은 별도로 존재하는 실체가 아니며 서로가 서로에게 의존하는 상호 조건적인 관계에 있다는 점을 알아야 한다.

> '본각의 의미'는 시각의 의미에 대비해서 말한 것이니, 시각은 곧 본
> 각과 동일하기 때문이다. '시각의 의미'는 본각에 의거하기 때문에 불
> 각이 있고, 불각에 의거하기 때문에 시각이 있다고 말하는 것이다(한자
> 경, 2013, p. 120).

본각은 시각에 대비해서 설정되고, 시각은 불각을 조건으로 성
립한다. 그러니까 본각, 시각, 불각은 독자적인 불변의 실체적 본
질을 일컫는 것이 아니다. 다른 모든 개념과 마찬가지로 이들 역
시 상호 조건적으로 성립되는 상대적인 개념일 따름이라는 것이
다. 그러므로 본각 하면 마치 본래적 깨달음이 홀로 존재하는 것
인 양 착각하는 일은 없어야 한다. 그렇다고 본래적 깨달음은 없
는 것이라고 오해해서도 곤란하다. 원효는 "각이 없지 않기 때문
에 각이라 말하는 것이지 자성(독자적인 실체로서의 본성)이 있어서
각이라고 하는 것은 아니며" …… "이와 같이 전전하여 서로 의지
하니, 곧 모든 것이 없는 것이 아니지만 있는 것도 아니며, 있는
것이 아니지만 없는 것도 아님을 나타내는 것임을 알아야 한다."
고 말하기 때문이다(박태원, 2012, p. 87).

그러면 본래적 깨달음은 무엇을 말하는가? 다시 『대승기신론』
으로 돌아가 보자. "이른바 각의 의미는 심체(온전한 마음 상태)가
염(念, 생각)을 여의었음을 뜻한다. 염을 여읜 모습은 허공계와 같

아 두루하지 않는 곳이 없어 '법계의 하나된 모습'이 되니 이것이 곧 여래의 평등한 법신이다. 이 법신에 의거하여 '본래적 깨달음'이라고 이름한다."(한자경, 2013, p. 119) 그러니까 마음에 생각이 없는 상태가 깨달음이라는 것이다. 생각이 없는 마음은 마치 허공처럼 모든 곳에 존재하여 모든 것과 하나 되는 모습인데 이것이 바로 본래적 깨달음이라는 것이다. 그런데 이 본래적 깨달음은 묘하게 그 안에 깨달음을 일으키는 작용을 간직하고 있다. 그리하여 깨닫지 못함의 상태에서 본래적 깨달음의 상태로 이행하게 하는 밝은 지혜의 면모를 포함하고 있다. "본래적 깨달음이란 것은 마음의 온전한 상태가 깨닫지 못한 모습을 여읜 것을 말한다. 이렇게 깨달아 아는 성질을 본각이라 하니 이는 아래 글에서 '이른바 스스로의 바탕에 큰 지혜 광명의 면모가 있다.'고 한 것과 같다."(박태원, 2012, pp. 116-117) 본래적 깨달음 안에 깨닫지 못함에서 깨달음으로 옮겨 가게 하는 각성의 힘이 내재되어 있다는 말이다. 원효는 이를 '본래적 깨달음의 불가사의한 훈습(熏習)'이라고 하면서 무명의 상태에서 코페르니쿠스적 전환을 일으켜 깨달음의 세계로 진입해 갈 수 있는 가능성을 본래적 깨달음에서 찾고 있다. 이런 사실은 다음 '비로소 깨달아 감'에 대한 언급에서 좀 더 분명해진다.

'비로소 깨달아 감(시각)'이라 하는 것은 바로 온전한 마음 상태가 존재 환각을 따라 움직여서 일탈/왜곡/오염하는 생각(妄念)을 일으키지만, '본래적 깨달음'의 훈습하는 힘 때문에 차츰 '깨달음'의 작용이 있어 마침내 다시 '본래적 깨달음'과 같아지니, 이를 '비로소 깨달아 감'이라 말한다(박태원, 2012, p. 119).

비로소 깨달아 감은 깨달음이 시작되는 과정을 말하는데 그 기본 뿌리는 앞에서 말한 본래적 깨달음에서 비롯된다. 본래적 깨달음에 있는 훈습의 힘이 작용하면서 비로소 깨달음을 향한 발걸음이 시작된다는 것이다. 그런데 궁극적으로 이 발걸음이 닿는 곳은 다시 본래적 깨달음이다. 그리하여 본래적 깨달음과 비로소 깨달음은 같다는 논리가 성립될 수 있다.

비로소 깨달음을 제대로 이해하려면 깨달음으로 향한 발걸음이 아직 시작되기 전인 깨닫지 못함(불각)의 상태에 대해 알아야 한다. 『대승기신론』에서는 이에 대해 다음과 같이 말한다.

근본 무지(무명)로 인해 펼쳐지는 망상의 네 가지 모습[生住異滅(생주이멸)의 네 가지 相(상)]을 총괄하여 일념(一念)이라 하니, 이 일념의 네 가지 모습에 의하여 네 가지 수준의 단계적인 내려감을 밝혔다. 본래 '근본 무지의 깨닫지 못함(無明不覺, 무명불각)의 힘'에 의하여 '망상이 생겨나는 모습(生相, 생상)' 등 갖가지 헛된 망념을 일으켜 '존재의 참모습과 만나는 온전한 마음자리(心源, 심원)'를 움직여 점차 '망상이 악행으로 나타나는 모습(滅相, 멸상)'에 이르고……(박태원, 2012, pp. 119-120).

    그러니까 깨닫지 못함(불각)의 상태는 근본적인 무지로 인해 일어나는 한 생각(一念, 일념)에 기인한다는 것이다. '생각'이 바로 깨달음을 가로막는 근본 장애라는 말이다. 그런데 이 생각은 네 가지 모습(四相, 사상)으로 단계적으로 펼쳐지면서 오염을 심화시킨다. 먼저, 한 생각이 일어나(生相, 생상) 마음에 자리를 잡고(住相, 주상), 점점 더 증폭되다가(異相, 이상) 급기야 행동(滅相, 멸상)으로 표출된다는 것이다. 예를 들어, 아침 식사 준비를 해야 할 아내가 잠자리에서 뭉개고 있는 걸 본 남편이 '저 사람이 밥상 차릴 생각을 안 하네(생상). 어디 또 심사가 뒤틀린 게 확실하군(주상). 이제 날 완전히 무시한다는 뜻이지?(이상). 야! 내가 그렇게 우습게 보여? 밥도 안 주고?(멸상)'라고 생각했다면, 이런 식으로 전개되는 생각이 깨닫지 못한(불각) 상태에 머물게 하는 주범이라는 것이다.

    비로소 깨달음은 이 네 가지 생각의 단계를 거꾸로 거두어들이면서 본래적 깨달음을 향해 가는 과정이다. 그러니까 처음에 멸상을 거두어들이고, 그다음으로 이상, 주상, 생상의 순으로 거두어들인다. 앞의 예에서 남편은 일단 화를 내며 소리를 지르는 것이 잘못된 생각 때문임을 알아차려서 거두어들이고, 다음에 아내가 자기를 무시한다는 생각이 사실과 매우 다른 망상임을 알아차려서 거두어들이고, 다음에 아내의 심사가 뒤틀렸다고 생각하는 자신의 생각이 사실을 왜곡한 것임을 알아차려 거두어들이고, 마지막으로 아내가 밥상 차릴 준비를 안 한다는 생각이 자신의 선입견이나 판단 기준에 근거를 둔 것임을 알아차려 거두어들인다. 이렇게 처음 일어나는 생각까지 거두어들여 무명과 무지로 가득한 환각을 멈춘 상태가 바로 본래적 깨달음이다.

결국 원효가 말하는 깨달음은 '생각'에 달려 있다. 생각이 일어날 때 깨닫지 못함이 하나의 흐름으로 전개되며 증폭되고, 생각이 없어질 때 본래적 깨달음이 원래의 모습으로 회복된다. 생각의 내용이 무엇이든, 심리적으로 좋은 것이든 나쁜 것이든, 사회적으로 바람직한 것이든 아니든, 마음에 일어나는 처음 생각부터 이어지는 생각 모두가 깨달음을 가리는 어둠의 본질이다. 그러므로 생각에서 철저하게 벗어날 필요가 있다. 그 길만이 생각이 작용하지 않는 마음의 처음 상태에 머무르는 것이며 본래적 깨달음을 회복하여 대자유를 누리는 유일한 길이다.

그러므로 경전에서 '만일 어떤 중생이 존재 환각에 사로잡히지 않는 마음상태(無念, 무념)를 볼 수 있다면 곧 부처의 지혜로 나아가는 것이다.'라고 했다. 또 마음이 일어난다는 것은 가히 알 수 있는 첫 모습(初相, 초상)이 없지만(알 수 있는 대상으로서의 실체가 있는 것은 아니지만), 첫 모습(초상)을 안다고 말한 것은 곧 '존재 환각에 사로잡히지 않는 마음상태(무념)'를 일컫는 것이다. 이런 까닭에 일체 중생(의 상태)을 '깨달음(覺, 각)'이라 부르지 못하는 것이니 본래부터 존재 환각에 사로잡힌 생각(念, 념)들이 꼬리를 물고 이어져 아직 그 생각을 여읜 적이 없기 때문에 시작을 말할 수 없는 때로부터의 밝지 않음(無始無明, 무시무명)이라 한다(박태원, 2012, p. 140).

깨달음에 대한 원효의 주장은 언뜻 보면 생각을 벗어나라는 주문으로 들린다. 그런데 생각을 벗어나는 일이 가능할지는 둘째 치고, 도대체 생활인으로서 우리 일반인이 생각을 벗어난 채로 일상을 살아갈 수 있을까? 이런 경지에 이르는 것은 산속에 들어가서 도를 닦는 도인들에게나 가능한 일 아닐까?

이에 대해 원효는 단호하게 아니라고 대답한다. 원효는 망상(妄想)과 환각(幻覺)으로 이어지는 생각의 부작용을 경계하고 있지만 생각 자체를 사용하지 말라고 주장하지 않는다. 그보다는 생각을 활용하되 그 정체를 분명하게 깨달아 속아 넘어가지 않을 것을 강조한다.

원효가 이상적으로 여기는 본래적 깨달음에서의 마음은 생각이 일어나지 않는 무념의 상태를 말한다. 그런데 이 본각은 생각 자체가 환각이라는 사실을 알고 있기 때문에 설사 생각이 일어난다고 해서 그 환각에 끌려 들어갈 일이 없다. 생각 없음이 기준이라는 사실을 모른 채 생각에 빠져 있을 때는 생각에 이끌려 가기 바쁘지만, 생각 없음이 기준이라는 사실을 아는 상태에서는 전개되는 생각이 그저 하나의 환각이라는 사실이 분명하므로 이에 집착할 일이 없다. 생각은 그저 환각에 불과하고 자기의 마음은 본래 생각에 의해 헤매는 일이 없다는 것을 알기 때문에 본각은 생각과 더불어 있어도 거리낄 바가 없다. 오히려 생각이 일어나는 것을 깨닫는다는 사실 자체가 원래 마음은 생각과 상관이 없는 것으로서 생각이 일어나기 전부터 존재한다는 사실을 논리적·체험적으로 밝혀 줄 따름이다. 원효의 다음 말들이 이를 뒷받침한다.

'마음이 처음 일어난다.'는 것은 존재 환각(무명)에 의하여 망상의 처음 생겨남이 있어 온전한 마음을 미혹시켜 생각을 움직이게 하는 것이다. 이제 본래적 깨달음을 떠나서는 깨닫지 못함이 없으며 '생겨난 생각(動念, 동념)'이 바로 '고요한 마음(靜心, 정심)'임을 증득하여 알기 때문에 '마음이 처음 일어나는 것을 깨닫는다.'고 한 것이다. 이것은 마치 방향에 미혹할 때에는 동쪽을 서쪽이라고 하다가 제대로 알았을 때 서쪽이 곧 동쪽임을 아는 것과 같으니 이 가운데의 깨달음의 뜻도 그와 같음을 알아야 한다(박태원, 2012, p. 151).

이와 같이 여래가 마음을 깨달았을 때 '생각이 처음 일어나는 모습(動相, 동상)'이 바로 (근거 없는 환각에 의해 일어난 것이어서) 본래 고요한 것임을 알기 때문에, '존재 환각에 사로잡히지 않는 마음상태(無念, 무념)'를 일컫는다고 한 것이다. …… 비록 비로소 '존재 환각에 사로잡히지 않는 마음상태(무념)'의 깨달음을 얻었다고 말하나 실은 망상의 네 가지 모습(四相, 사상)이 (근거가 없는 환각에 의한 것이라서) 본래 일어남이 없음을 깨달은 것이니, 어떤 깨닫지 못함(불각)에 의거하여 비로소 깨달아 감(시각)이 있겠는가? 그러므로 '실로 비로소 깨달아 감의 내용들이 차이가 없다.'고 했다(박태원, 2012, p. 153).

한 걸음 더 나아가 생각이 없는 마음의 자리에서 밝혀지는 본래적 깨달음은 비로소 '깨닫지 못함'을 깨닫지 못함으로 알게 한다.

다시 말해, 본래적 깨달음은 깨닫지 못함을 성립시키는 원인이며 동시에 깨닫지 못함이 있으므로 성립되는 결과이기도 하다. 본래적 깨달음이 없다면 깨닫지 못함도 없고 그 역도 마찬가지라는 뜻이다. 이런 점에서 마음 안에서 깨닫지 못함(불각)은 본래적 깨달음(본각)과 같은 것이라는 주장이 어색하지 않다. 번뇌망상이 곧 깨달음이라는 말은 이래서 가능하다. 이렇게 생각이 없는 무념의 자리에 설 때 본각, 시각, 불각은 온전한 하나가 된다. 이것이 바로 원효가 말하는 하나가 된 깨달음(一覺, 일각)이요, 하나가 된 마음(一心, 일심)이다.

> 망상의 네 가지 모습(四相, 사상)이 동시에 있으나 마음에 의해 이루어진 것이며 '하나가 된 마음(一心, 일심)'을 떠나 따로 각자의 실체가 없기 때문에, '동시에 있으되 모두 스스로 존립함이 없다.'고 했다. 모두 스스로 존립함이 없기 때문에 본래 평등하여 '본래적 깨달음(본각)'과 동일한 것이다. 마치 바닷물의 움직임을 파도라고 말하지만 파도는 자신의 실체가 없기 때문에 파도의 움직임은 없는 것이고, 바닷물은 자기 바탕이 있으므로 바닷물의 움직임은 있는 것과 같이 마음과 망상의 네 가지 모습(사상)도 그 뜻이 또한 이와 같다. …… 망상의 네 가지 모습(사상)이 오직 '하나가 된 마음(일심)'이며 '깨닫지 못함(불각)'이 바로 '본래적 깨달음(본각)'과 같은 것이니 그러므로 '본래 평등하여 깨달음과 동일하다.'고 말한 것이다(박태원, 2012, p. 154).

3. 하나가 된 마음(一心)

　본각, 시각, 불각이 하나의 깨달음이며 하나의 마음이라는 경지에 들어서면, 그동안 언어와 생각을 중심으로 기승을 부리던 존재 환각과 실체 환각이 힘을 잃게 된다. 다시 말해, 그동안 실체적 존재라고 여겨 왔던 모든 것이 사실은 언어와 생각의 농간에 걸려든 착각에 불과하다는 점을 깨달아 실체 개념을 벗어나게 된다. 아울러 존재의 참모습은 서로가 서로에게 열려서 마치 한몸처럼 엮여 있는 하나라는 점을 깨달아 상호 개방하고 포용하는 방향으로 마음의 지평이 열리게 된다. 이런 지평에 서면 파도를 바닷물에서 분리하려는 것처럼 있음과 없음을 분리하는 것도, 성스러움과 속됨을 분리하는 것도 모두 부질없는 일임을 안다. 심지어 진리니, 열반이니 하는 것조차 실체가 없는 허구임이 드러난다.

　　하나가 된 마음자리는 있음(有, 유)과 없음(無, 무)이라는 존재 환각을 여의어 오직 맑으며, 세 가지 공의 바다는 성스러운 진리(眞, 진)와 속됨(俗, 속)을 녹여 말끔하다. (유/무나 진/속의) 둘로 나누는 분별을 말끔하게 녹였으나 그렇다고 (둘로 나눈 분별을 합한) 하나도 아니며, 오직 맑아 둘로 나누는 환각을 여의었으나 그렇다고 (둘로 나눈 분별의) 중간도 아니다. 중간이 아니면서 둘로 나누는 환각을 여의었으므로 있음(유)이 아닌 것이 없음(무)으로 되어 머물지 아니하며, 없음(무)이 아닌 모습이 있음(유)이 되어 머물지 아니한다. 하나가 아니지만 둘로 나누는 분별을 녹였으므로, 성스러운 진리(진)가 아닌 것이 일찍이 속됨(속)이 된 적이 없으며, 속됨(속)이 아닌 진리가 일찍이 성스러운 진리(진)가 된 적이 없다(박태원, 2012, p. 241).

여기서 원효는 있음과 없음, 성스러움과 속됨을 대표적인 예로 들어 우리가 사용하는 언어, 생각들이 독자적으로 성립되는 실체가 아님을 명확하게 지적한다. 언어와 생각들로 정의되고 구획된 실체들은 기껏해야 임시적이고 가변적인 존재에 불과할 따름이다. 있음과 없음, 성스러움과 속됨뿐 아니라, 우리가 활용하는 모든 언어와 생각은 사실상 실체가 아닌 것을 실체로 오인케 하는 존재 환각을 일으킨다. 이는 추상적인 대상뿐 아니라 가시적이고 구체적인 대상에도 동일하게 적용된다. 그럼에도 우리는 언어와 생각에 속아 사는데 하나가 된 마음자리에서 보면 우리가 사용하는 모든 언어와 생각의 참모습은 실체가 아니므로 서로 녹아들어 분별이 불가능하다. 여기까지는 있음이고 여기부터는 없음이라는 경계를 짓는 일 자체가 어리석을 따름이다.

여기서 우리는 다시 난감한 상황에 빠지게 된다. 그렇다면 하나 된 마음자리에 머물러 살기 위해 언어와 생각의 사용을 중지해야 하는가? 언어와 생각이 존재 환각을 불러일으킬 뿐 아니라 서로가 서로에게 녹아들어 분별하는 일이 부질없는 짓이라면, 우리는 무엇을 통해 서로 소통하고 의미를 주고받을까? 존재 환각을 불러일으키지 않는 전혀 새로운 표현 방법이 존재한다는 말인가? 앞의 박태원의 글(pp. 49-50 참조)에 바로 이어지는 다음 글이 원효의 답이다.

둘로 나누는 분별을 녹였지만 하나가 아니기 때문에 성스러운 진리와 속됨의 성품이 세워지지 않음이 없고 오염(染, 염)과 청정(淨, 정)의 모습이 갖추어지지 않음이 없다. 둘로 나누는 환각을 여의었지만 중간이 아니기 때문에, 있음(有, 유)과 없음(無, 무)의 현상이 만들어지지 않는 바가 없고 옳고 그름의 뜻이 두루 미치지 아니함이 없다. 이와 같이 깨뜨림이 없되 깨뜨리지 않음이 없으며 세움이 없되 세우지 않음이 없으니, 가히 이치가 없는 지극한 이치요 그렇지 않으면서도 크게 그러한 것이라 할 수 있다. 이것이 이 경전의 핵심 도리다(박태원, 2012, pp. 241-242).

비록 성스러움과 속됨, 있음과 없음, 오염과 청정 등이 명확하게 대립되는 둘이 아니라는 점을 밝혀서 둘을 나누고 가르는 분별이 부질없는 일임을 밝혔지만, 동시에 둘은 하나가 아니기 때문에 나름대로 의미하는 바를 충분히 드러낼 수 있다는 주장이다. 동일한 언어와 생각이라도 이를 사용하는 사람이 하나가 된 마음자리에 머무는지 아닌지의 여부에 따라 한쪽은 존재 환각으로, 다른쪽은 정상적인 소통의 수단으로 활용된다는 말이다. 존재 환각에 사로잡힌 사람은 언어와 생각을 실체로 보고 분리, 차별, 배제의 논리로 사용하는데, 하나로 된 마음자리에 머무는 사람은 언어와 생각을 편의적인 부호로 보고 통합, 화해, 포용의 논리로 사용한다. 따라서 하나가 된 마음자리에서는 언어와 생각이 가진 기본 한계에도 불구하고 이들을 필요에 따라 자유롭게 사용할 수 있다. "언어적 환각에서 자유롭기에 언어적 구성의 의미와 장단점을 꿰뚫어 환각 없이 시설에 응할 수 있다. 하나가 된 마음자리에서는 성스러운 진리나 오염된 세속이라는 언어도 세워지고, 있다거나 없다는 말도 설 자리를 잡는다. 하나가 된 마음자리에서는 이렇게 언어의 해체와 구성이 걸림 없이 펼쳐진다."(박태원, 2012, p. 241) 결국 모든 해답은 실체 개념을 온전히 벗어난 '하나 된 마음자리'에서 나온다. 바로 여기가 본래적 깨달음과 진여심이 머무는 자리이기도 하다.

4. 하나 된 마음이 주는 이익(본래적 깨달음의 공덕)

원효는 본래적 깨달음, 다시 말해 하나가 된 마음자리에 들어갈 때 얻게 되는 이익을 크게 두 가지로 나누어 언급하고 있다.

모든 실천이 본각을 떠나지 아니하여 모두 본각의 이익을 좇아 이루어지지 아니함이 없으며, 실천할 때에 앞으로부터 뒤로 들어가기 때문에 '들어간다.'고 했다. '들어간다.'는 것은 자신을 이롭게 하는 것이고(自利, 자리) '교화한다.'는 것은 남을 이롭게 하는 것이니(利他, 이타) 이와 같은 두 가지 실천은 모두 (하나가 된 깨달음의) 본래 자리를 따른 것이다(박태원, 2012, p. 127).

여기서 자신을 이롭게 하는 것과 남을 이롭게 하는 것의 구체적인 내용은 무엇일까? 먼저 자신을 이롭게 하는 가장 대표적인 이익은 마음이 편안하고 태연한 것 그리고 깨달음으로부터 자유로워지는 것이다.

생각이 일어나지 않음을 깨달아 그 마음이 편안하고 태연한 것은 바로 본각의 이익입니다. 그 이익은 움직임이 없어서 항상 존재하여 없어지지 않지만, 없어지지 않는 데에 있는 것도 아니며, (깨달음이) 없는 것도 아니나 깨달음이 있는 것도 아닙니다. 깨달음이 없음을 아는 것이 본래의 이익이며 본래의 깨달음이니, 깨달음이라는 것은 청정하여 더러움이 없으며 변화하지 않고 바뀌지 않으니, 결정성이기 때문입니다. 불가사의합니다(은정희, 송진현 역주, 2000, pp. 313-314).

일단, 하나 된 마음자리에 머물러 있으면 마음이 편안하고 태연하다. 생각이 일어나지 않는 상태에 있거나 또는 생각이 일어나더라도 그것이 실체가 아닌 환각임을 아는 마음은 항상 동요함 없이 고요히 머물러 있을 수 있다. 마음을 생각과 동일시한다면 생·주·이·멸하는 생각의 움직임을 따라 마음도 요동을 치겠지만, 생각이 스쳐 지나가는 환각임을 아는 한 더 이상 거기에 집착할 이유가 없다. 따라서 본래적 깨달음이 가져다주는 첫 번째 이익은 마음의 평안이다. 그런데 이 깨달음은 또한 깨달음이 있음과 없음 또는 있지 않음과 없지 않음을 초월한 것이기 때문에 무한 자유를 보장한다. 군이 언어를 빌려 설명하면 더럽지 않고 깨끗하며 변화와 바뀜이 없다고 말하겠지만, 이는 언설과 생각을 벗어난 참된 진리이며 진정한 본성이라고 표현하는 것 외에 다른 방법이 없다. 요약하면, 하나 된 마음자리에 머물 때 자리적(自利的) 차원에서 개인이 누릴 수 있는 대표적인 이익은 평안함과 자유로움이라고 할 수 있을 것이다.

다음은 남을 이롭게 한다는 이타적(利他的) 이익이다. 본래적 깨달음에 이른 사람은 고요함에 머물지 않고 자신이 깨달은 바를 다른 사람에게 알리기 위하여 "머무름이 없는 보살(無住菩薩, 무주보살)"(은정희, 송진현 역주, 2000, p. 259)로서 행동한다. 그렇다면 무주보살로서 움직이는 목표는 무엇일까? 일각(하나가 된 깨달음, 一覺)인 본각(본래적 깨달음)의 이익으로 본래 깨달아 있는 모든 자를 이롭게 하는 데에 있다(은정희, 송진현 역주, 2000, p. 316). 본래적 깨달음의 관점에서 보면 본래적 깨달음이 없는 사람은 원래 하나도 없다. 다만 아직 그런 사실을 모를 따름이다. 따라서 아직 하나 된 마음자리에 서지 못한 사람들에게 그들의 마음에 본래적 깨달음이 존재함을 알리고, 그 깨달음이 주는 이익을 누리도록 인도하는 역할이 필요하다. 그런데 이 역할은 다른 무엇이 아닌 본래적 깨달음 자체가 수행한다. 그리하여 본래적 깨달음에 이른 사람은 자동적으로 마치 자신과 다른 사람이 한 몸인 것처럼, 타자들의 마음속에 본래적 깨달음을 향한 강한 열망을 심어 놓는다. 그래서 결국 개인으로서 자신도 하나 된 마음자리에 머물 뿐 아니라 다른 사람들도 하나 된 마음자리를 회복하여 그 안에 있는 평안과 자유로움을 누리는 이익을 얻게 한다는 것이다.

본래적 깨달음의 공덕을 자리적 이익과 이타적 이익으로 나누어서 설명하였는데 이렇게 하니 마치 자(自)와 타(他), 즉 '나' 와 '너' 가 서로 뚜렷이 분별되는 실체라고 오해될 소지가 있다. 실체 개념을 환각이라고 여겨 철저하게 해체한 관점에서 보면 실체로서의 나, 실체로서의 너는 존재하지 않는다. 나와 너는 모두 우연적인 인연의 계기들이 모여서 형성된 일시적이며 현상적 존재일 뿐 독자적인 실체들이 아니다. 한 걸음 더 나아가 실체 개념이 해체된 하나 된 마음(一心, 일심)에서 보면 나와 너는 하나다. 하나된 마음에서 보는 모든 존재는 하나이며 서로 열린 관계를 구성한다. 이 열린 관계 속에서 모든 대립 항은 사라지고 서로가 열리고 껴안는 포용의 세계가 문을 연다. 바로 여기에서 마치 한 몸인 것처럼 소통하고 한 몸인 것처럼 이해하는 일이 가능해진다. 하나된 마음자리에서 나와 너의 관계는 마치 한 몸에 속한 지체들과 마찬가지다. 따라서 나의 이익과 남의 이익, 자기 이익과 타자 이익 역시 분리된 실체 개념이 아니라 열린 관계 속에서 하나로 이어진 것으로 보아야 한다. 무명에 사로잡힌 자들을 깨우치기 위해 "저 열반을 빼앗아 다시 마음을 일으키게 되는 부처의 동체대비 (同體大悲)"(은정희, 송진현 역주, 2000, p. 536)도 바로 이것을 말한다. 나와 너가 서로를 향하여 한 몸처럼 만나서(동체적 만남) 하나로 소통하며(동체적 이해) 하나임을 교감하고 나누는(동체대비) 일들이 모두 하나 된 마음자리에서 일어나는 현상이다. 본래적 깨달음이 가져다주는 이익은 이렇게 확장성을 바탕으로 끊임없이 타자를 향해 뻗어 나간다. 자리와 이타의 구분이 별로 중요하지 않은 이유도 여기에 있다. 박태원은 『금강삼매경론』에서 원효가 진술한 이타행을 다음과 같이 풀이했다. 나와 남의 관계를 한 몸이라는 동체적 관계로 보고 이타행 또한 동체적 감수성의 자발적 확장으로 읽고 있음을 알 수 있다.

존재들의 '하나 된 관계'가 드러나는 '본래적 깨달음'에서는 '나'와 '남'을, 세상을, 활짝 열린 관계의 시스템으로 보기 때문에 '한 몸으로 느끼는 감수성(일체감)'이 저절로 솟아오른다. 이 일체감은 또한 '한 몸처럼 여기는 우애와 동정(자비)'을 필연적으로 수반한다. 이때는 나의 안정(고요함)을 배타적으로 소유하려는 마음 자체가 환각의 산물임을 알기에, 환각의 동요가 그친 안정(고요함)을 '나의 소유물'로 움켜쥐려는 마음을 일으키지 않는다. '하나로 보는 마음'으로 세상을 안고 일체감에서 저절로 우러나오는 우애와 동정의 마음으로 세상을 만난다. 그 어떤 '자아의 배타적 공간'에도 머무르거나 집착하지 않으면서 '남을 이롭게 하는 실천(중생 교화의 행)'을 인연 따라 펼치게 된다. 이 이타행은 존재 내면에서 자연스럽게 솟아나는 자발적인 실천이다(박태원, 2012, pp. 131-132).

5. 한 맛, 한 맛으로 알고 행동하기(일미와 일미관행)

『금강삼매경론』에서는 '한 맛(일미)'이라는 표현이 자주 쓰인다. 우리의 오감 중에 특히 미각을 등장시켜 깨달음의 정수를 보여 주려고 한 것이다. 원효는 '한 맛'을 두 가지 맥락으로 풀이하고 있다. 깨달음을 향한 수행법의 맥락과 깨달음의 내용 또는 깨달음의 결과와 관련된 맥락이다. '한 맛'으로 알고 행동한다는 일미관행이 전자에 속하고, 앞뒤 붙임말 없이 독자적으로 '한 맛'이 사용될 때가 후자에 속한다. 물론 이 두 맥락 모두 하나인 깨달음 또는 하나가 된 마음자리와 연결되어 있다. 먼저 일미관행부터 살펴보자.

앞에서 모든 해답의 근원이 '하나가 된 마음자리'에 있다고 말했다. 세 가지 깨달음이 하나의 깨달음으로 통일되고 생·주·이·멸의 변화 과정 한가운데서 진여심을 드러내는 경지, 실체 환각에 사로잡히지 않은 채 언어의 해체와 구성을 자유자재로 펼칠 수 있는 경지가 바로 이 하나 된 마음에 있다. 그런데 이 하나 된 마음은 그냥 얻어지는 것이 아니다. 하나 된 마음자리에 서려면 수행을 해야 한다. 원효는 이 수행의 요점을 '한 맛으로 펼치는 관행(一味觀行, 일미관행)'이라고 표현하면서 이를 상세하게 설명하고 있다. 『금강삼매경론』에서 일미관행을 설명한 앞부분만 살펴보자.

『금강삼매경』의 근본과 요점은 전개하는 방식과 모으는 방식의 두 가지로 말할 수 있다. 모아서 말한다면 '한 맛으로 펼치는 관행'이 요점이 되고, 전개하여 말한다면 열 가지 진리 전개방식이 근본이 된다. '알고 체득하기(觀行, 관행)'란 '알기(觀, 관)'는 수평적으로 논하는 것으로서 대상(境, 경)과 지혜(慧, 혜)에 통달하는 것이고 '체득하기(行, 행)'는 수직적으로 바라본 것으로서 원인(因, 인)과 결과(果, 과)에 걸쳐 있다(박태원, 2014, pp. 79-80).

일미관행은 한 맛(일미), 알기(관), 체득하기(행)의 세 가지 개념으로 짜여 있다. 알기를 뜻하는 관(觀)은 지적인 통찰을 의미하고, 체득하기를 뜻하는 행(行)은 실천적 체득을 의미한다. 여기서 한 맛을 뜻하는 일미(一味)는 지적인 통찰인 관과 실천적 체득인 행을 하나로 아울러 포괄한다는 의미다. 지적 성찰을 쌓아 가는 수행과 생활 속의 실천적 행동으로 쌓아 가는 수행이 상호 결합하여 하나의 맛으로 수렴된다는 말이다. 이를테면 모든 언어적 개념이 본질을 달리하는 상호 배타적 실체가 아니라는 사실을 참되게 아는 것(관)과 그렇게 아는 사실에 입각해서 아무리 거친 바람이 불어와도 마치 대지와 같이 움직이지 않는 행동(체득)이 하나로 통할 때 이를 한 맛이라고 표현할 수 있다. 이렇게 알기와 체득하기를 '한 맛'으로 통섭시켜 챙겨 가는 것이 바로 일미관행이다. 따라서 이때의 한 맛은 하나로 통하기, 하나로 수렴되기라고 요약할 수 있다.

또한 '한 맛'은 깨달음의 내용- 내지는 결과로서 언급된다. 다음

인용문에 나오는 '여래의 가르침이 하나 된 깨달음의 맛에 들어가게 한다.' '하나가 된 마음자리에 돌아갈 때…… 한 맛이라고 말하는 것이니' 라는 내용이 그렇다.

　'제도할 수 있는 중생' 이라고 한 것은 여래가 교화하는 일체 중생은 모두 '하나가 된 마음(일심)' 이 길을 잘못 들어 헤매는 것이기 때문이다. '모두 한 맛(일미)' 을 설했다는 것은 여래가 설하는 모든 가르침이 그들을 '모두 하나가 된 깨달음의 맛(一覺味, 일각미)' 에 들어가게 하기 때문이다. 모든 중생이 본래 '하나가 된 깨달음(일각)' 이지만 단지 환각(무명)으로 말미암아 헛것을 따라 헤매다가 모두 여래의 '한 맛' 의 가르침에 따라 마침내 '하나가 된 마음자리(一心之源, 일심지원)' 에 돌아가게 됨을 밝히고자 한 것이다(박태원, 2012, pp. 246-247).

그러니까 하나 된 깨달음이 지니고 있는 맛이 바로 '한 맛' 이요, 여래의 가르침을 맛으로 표현한다면 '한 맛' 이라는 것이다. 그렇다면 여기서 말하는 '한 맛' 은 어떤 맛일까? 사람이 미각으로 느낄 수 있는 여러 맛 중 하나의 맛으로 수렴되는 것처럼, 이 맛 역시 특별한 어떤 하나의 특성을 지칭하는 것일까? 원효는 앞의 인용문의 바로 이어지는 문장에서 다음과 같이 답한다. '하나가 된 마음자리' 에 돌아갈 때에는 어떤 것도 얻었다고 할 것이 없기 때문에 '한 맛(일미)' 이라고 하는 것이니, 이것이 바로 '하나가 된 가르침(일승)' 이다(박태원, 2012, p. 247).
　결국 '한 맛' 은 아무 맛도 아니라는 결론이다. 맛은 맛인데 아무

맛도 아니라는 말이다. 하나가 된 마음자리에서는 언어와 생각으로 구성된 모든 것이 자리를 붙일 곳이 없을 뿐 아니라 진리와 열반, 심지어 깨달음조차도 가상적 허구로 존재 가치를 상실한다. 이렇게 얻을 것이라곤 아무것도 없으니 바로 그 맛이 '한 맛'이라는 말이다. 그런데 바로 그렇기 때문에 모든 것과 더불어 하나 될 수 있다. 그러니까 '한 맛'은 아무 맛이 아니면서 모든 것과 함께할 수 있는 포용의 맛이다. 이렇게 '한 맛'은 부정과 긍정의 뜻을 동시에 전달하는 효과를 지니는데 이런 점에서 『금강삼매경』과 원효가 전개하는 논리의 특징을 잘 보여 주는 용어이기도 하다.

'한 맛'은 본래적 깨달음의 맛이요, 하나가 된 마음자리의 맛이다. 따라서 '한 맛'은 본래적 깨달음이나 하나가 된 마음자리와 사실상 같은 것이다. 그럼에도 굳이 '한 맛'이라는 용어를 사용한 이유는 무엇일까? '한 맛'이 감각 용어라는 점을 주목할 필요가 있다. 감각 용어는 우리의 생각이나 체험을 아주 가까이서 쉽게 느끼게 해 준다. 다시 말해, 그것은 추상적인 내용을 구체화하여 이해를 빠르게 하고 접근을 쉽게 하는 장점이 있다. '하나가 된 마음'은 매우 추상적이다. 무언가 이해는 되는데 분명하게 잡히는 맛이 없다. 그렇기 때문에 생활 속에 적용할 준거나 기준으로 삼기가 어렵다. 이를테면 언어와 생각을 사용하면서 자기 마음이 그것들에 의해 물들지 않았는지를 판단하는 준거로 의지하기에 '하나가 된 마음자리'는 너무 추상적이다. 그런데 감각 언어는 이런 한계를 넘어서게 해 준다. '하나가 된 마음'을 '한 맛'이라는 감각 언어로 환원하여 구체화함으로써 이해하기도 쉽고 자신의 마음 상태를 신속하게 점검할 수 있는 준거로 활용하는 일도 손쉬워진다. 일상생활 속에서 말하고 생각하며 행동할 때, 자신이 실체 환각에 사로잡히지 않았는지 점검하는 준거로서 '한 맛'은 '하나가 된 마음'보다 훨씬 더 유용하다. 물론 이 '한 맛'은 특정한 한맛이 아니라 아무것도 아닌 맛이라는 점을 명심해야 할 것이다.

'한 맛'이 감각 언어라서 구체적인 느낌을 주는 것은 사실이지만 그 맛이 사실은 아무것도 아닌 맛이라면 여전히 일상생활에서 따라야 할 준거로 삼기에는 문제가 있다. 그렇다면 단순히 비유적인 표현이 아니라 실제 생활에서 따라야 할 준거로서 '한 맛'에서 얻어 낼 만한 정보는 없을까? 이에 대한 대답의 실마리를 본래적 깨달음의 공덕, 다시 말해 본래적 깨달음에 들어갈 때 그 결과로 자연스럽게 드러나는 덕스러운 특성에서 찾을 수 있다고 본다. 앞에서 여러 번 본래적 깨달음, 하나가 된 마음자리, 한 맛은 모두 같은 것이라고 말했다. 그렇다면 본래적 깨달음의 자리에 있을 때 자연스럽게 공덕이 따라오듯이 '한 맛'에 들어갈 때에도 자연스럽게 공덕이 따라올 것이다. 이렇게 '한 맛'에 따라오는 공덕을 '뒷맛'이라고 부를 수 있다. 이런 논리를 따라갈 때 '한 맛'의 뒷맛은 어떤 것일까? 이에 대한 대답 역시 본래적 깨달음에서 찾을 수 있다. 본래적 깨달음과 '한 맛'이 같은 것이라면, 본래적 깨달음에 따르는 공덕의 내용과 '한 맛'에 따르는 뒷맛의 내용 역시 같은 것일 수밖에 없다. 그러니까 평안함, 자유로움, 이타행이 '한 맛'에 따라오는 뒷맛의 내용이라는 것이다. '한 맛'에 따라오는 뒷맛이 평안함, 자유로움, 이타행으로 구체화될 수 있다면, 이제 이들을 준거로 일상생활을 점검하고 관리하는 일이 가능해진다. 말하고 생각하며 행동하는 과정 속에 자신의 내면 깊은 곳에서 평안함과 자유로움이 느껴지고 이타행을 향한 진솔한 마음이 일어나면 '한 맛'에 머물고 있는 셈이다. 반면, 말과 생각과 행동을 하면서 마음에서 평안함과 자유로움을 잃고 진솔한 이타행과 멀어진다면 '한 맛'에서 벗어나 있다고 말할 수 있다. 따라서 이들 뒷맛은 자신이 '한 맛'에 머물러 있는지 아닌지를 가늠할 수 있는 실행 준거로 활용될 수 있다. 결국 이 뒷맛은 '한 맛'을 포함하여 본래적 깨달음, 하나가 된 마음 등의 추상적인 진리를 실제 생활 속으로 끌어들이는 예인 역할을 담당한다고 말할 수 있다. 일상에서 작용하는 생멸심이 진여심을 제대로 드러내고 있는지 확인하는 현실의 열쇠가 바로 여기에 있다고 판단된다.

4

마음: 정체와 훈습

이제 『대승기신론』을 중심으로 마음에 대하여 원효가 설명한 바를 좀 더 상세하게 살펴보자. 진여로서의 마음은 원래 언설과 생각을 넘어서 있는 것이지만 생멸하는 마음을 통해 그 본성을 드러내기도 한다. 따라서 생멸하는 마음의 특징을 잘 들여다보면 마음의 기본 구조와 작용 및 결과에 대해서 보다 깊은 이해가 가능하다. 여기서는 마음을 기본 틀, 물드는(오염) 과정, 맑아지는(회복) 과정으로 나누어 살필 것이다.

1. 마음의 기본 틀

불교의 유식론에서는 마음을 여덟 가지(또는 아홉 가지) 식으로 나누어 논하고 있는데, 원효 역시 마찬가지 입장이다. 이후의 논의를 위하여 여덟 가지 식의 종류와 내용에 대하여 알아 둘 필요가 있다. 『대승기신론』은 여덟 가지 식을 아뢰야식과 관련된 내용부터 설명하고 있으나, 여기서는 이해하기 쉽도록 제6식부터 소개하고자 한다. 여기 소개한 유식론 각 식의 전반부의 내용은 박성희의 『마음과 상담』(2007a)을 주로 인용하였다.

1) 제6식: 의식

불가에서는 마음을 감각 기관과 유기적으로 연관 짓고, 감각 기관마다 '식(識)'이라는 이름을 붙인 마음을 구분한다. 안식(眼識), 이식(耳識), 비식(鼻識), 설식(舌識), 신식(身識)이라는 소위 5식이 그것이다. 감각 기관과 마음의 관계를 이해하기 위하여 예를 들어 보자. 우리는 눈이 있으므로 외부 대상 세계의 형태와 색깔을 지각할 수 있고, 그에 따라 아름다움과 추함을 구분하는 마음을 내게 된다. 만일 내가 눈이라는 감각 기관이 없는 장님이라면 다른 사람들이 말하는 아름다움과 추함을 알 수 없을 것이다. 물론 눈 이외의 다른 감각 기관이 있어 인식 기능을 보조하는 경우는 예외가 될 것이다. 그러나 다른 감각 기관들마저 모두 없다면 다른 사람들이 분명히 있다고 주장하는 외부의 대상이 나에게는 존재하지 않는다. 외부 대상의 존재를 확인할 수 있는 수단이 전혀 없으므로, 외부 대상 세계가 있다는 것은 나에게 아무런 의미가 없을 뿐 아니라 실제로도 없는 것이다. 감각 기관이 없다는 것은 나에게 대상 세계가 없다는 것과 마찬가지다. 따라서 감각 기관은 외부 대상 세계를 인식하는 데 필수 조건이다. 그런데 아름다움과 색깔은 눈이라는 감각 기관 자체로 판단되지 않는다. 내가 눈을 가지고 있고 눈을 뜨고 있다고 해서 눈앞에 있는 모든 것을 인식하는 것은 아니다. 나의 마음이 '그곳'에 쏠리고 선택적으로 주의를 기울일 때 비로소 외부 대상이 눈에 보이게 된다. 이러한 사실은 나의 감각 기관인 눈을 담당하는 마음(眼識, 안식)이 따로 있음을 짐작게 한다. 마찬가지로 귀를 담당하는 마음(耳識, 이식), 코를 담당하는 마음(鼻識, 비식), 혀를 담당하는 마음(舌識, 설식), 몸을 담당하는 마음(身識, 신식)이 별도로 있는데 이들 모두를 지칭하는 것이 바로 앞에서 말한 5식이다.

　앞에서 사람의 다섯 가지 감각 기관이 담당하는 대상은 저마다 다르고 각 감각 기관이 인식하는 '식'이라는 마음도 따로 있다고 하였는데, 만일 우리의 마음이 이같이 분리된 '식'으로만 이루어져 있다면 우리의 마음은 따로 노는 '식'의 집합체일 뿐 일관성 있고 통일된 질서를 갖추기 어려울 것이다. 여기서 필요한 것이 이 5식을 전체적으로 통괄하고 지배하여 조화로운 통일을 이루는 마음인데 바로 그 마음을 의식(意識)이라고 한다. 우리가 통상 마음이라고 하는 것은 여섯 번째 식(제6식)인 이 의식을 가리킨다. 의식 역시 이와 직결되는 감각 기관으로서의 마음과 연관되어 있다. 이것을 의근(意根)이라고 하는데, 이 의근의 대상은 다른 다섯 가지 감각 기관, 즉 5근이다.

다시 말하면 눈이나 귀 등의 다섯 감각 기관이 저마다 받아들인 정보를 의근은 마치 교통 정리하듯 그것에 합당한 5식에 각각 전달하며, 의식은 다시 그 5식의 정보를 뒤섞이지 않도록 정리하는 것이다. 따라서 우리의 사고 능력이란 바로 그 의근과 의식이 온갖 정보를 정리하거나 종합하여 통일하는 능력을 의미한다. 불가에서 특별히 구분하지 않고 편의상 '심'이라거나 '식'이라고 칭할 때는 그와 같은 의식으로서의 마음을 가리킨다(정승석, 1996, p. 376).

의식으로서의 마음은 일련의 체계를 이루며 다섯 가지 감각 기관이 받아들인 것에 대해 여러 가지 방식으로 작용한다. 좋고 싫음을 느끼는 감정으로서의 마음(受, 수), 형상을 떠올리고 심상을 그려 보는 생각으로서의 마음(想, 상), 무엇인가를 결심하고 실행하려는 의지로서의 마음(行 또는 思, 행 또는 사), 종합적으로 작용하는 판단으로서의 마음(識, 식) 등이 그것이다. 우리가 흔히 마음의 기능으로 분류하는 네 가지 범주, 즉 생각, 감정, 의지, 행동과 매우 유사한 구분이다.

『대승기신론』에서는 의식을 "아와 아소를 헤아리고 갖가지 허망하게 집착하며 일을 따라 반연하고 6진을 분별하는 것"이라고 보고 이를 "분리하는 식(분리식) 또는 일을 분별하는 식(분별사식)"이라고 이름 붙였다(한자경, 2013, pp. 185-187). 여기서 아(我)와 아소(我所)는 각각 '나'와 '나에 속하는 것'을 뜻하는 말로서 분리된 실체로서의 '나'라는 개념이 뚜렷이 자리 잡았음을 알려 준다. 이렇게 분리된 '나'는 나와 남을 헤아려 나누는 일에 집착하게 되고, '나'를 중심으로 세상을 대상화·객관화하는 일에 몰두하기 시작한다. 그런데 이 '나' 의식이 제7식인 말나식의 중심 개념이라는 점을 고려하면, 말나식과 의식이 상호 연결되어 제6식인 의식에서도 이미 주객 분별과 육진[눈·귀·코·혀·몸에 각각 대응하는 색(色)·성(聲)·향(香)·미(味)·촉(觸)의 5종류 감각 기관의 대상에 사고 작용인 의(意)의 대상인 법(法)을 추가한 것] 분별이 일어나고 있다고 이해해야 할 것이다. 상속식인 제6식에서 나타나는 분별력은 바로 제7식인 말나식의 작용을 통해서 형성되는 것이기 때문이다. 원효는 의식 수준에서 이미 분별하는 작용이 진행되고 있음을 분명하게 지적하고 있다. 여기서 미리 원효가 의(意)와 의식(意識)을 구분하고 의(意)는 제7, 제8식으로, 의식은 제6식으로 분류하고 있음을 지적할 필요가 있다. 의를 생각하는 모든 활동, 의식은 생각하는 모든 활동에 대한 인식이라고 본다면, 의는 인식하고 알아차리기 이전에 시작되는 미세한 마음의 활동이라고 보아야 할 것이다. 의에 대한 내용은 뒤에서 자세히 살펴볼 것이다.

2) 제7식: 말나식

마음을 본격적으로 탐색한 불가에서는 '의식(意識)'의 이면에
또 다른 마음이 있음을 발견하였다. 의식보다 깊은 곳에 제7식과
제8식이 있다는 것이다. 제7식은 말나식(末那識)이라고 불리는 마
음으로서 주체적이고 능동적인 마음의 기능을 의미한다. '나'라
는 정체성을 인식하고 자아 의식의 형성을 가능토록 하는 것이 바
로 이 말나식이다. 의식이라고 불리는 제6식은 끊임없이 흐르고
변화하여 잠시도 멈추지 않는다. 그럼에도 불구하고 우리는 어제
와 오늘 변하지 않고 일관성 있게 지속되는 '나'가 있음을 발견한
다. 그 결과, 우리는 '나' '나의 것'에 집착하고 자기를 고집하며
주장한다. 이처럼 제6식으로 설명할 수 없는 마음의 작용이 일곱
째 식인 말나식으로 분류된다.

말나식은 '나'라는 의식을 바탕으로 능동적으로 경험 내용들을
선택하고 조직하는 기능을 담당한다. 자기에게 일어나는 여러 가
지 사상(事象)을 일관성 있고 편리하게 편집하고 해석하는 것이
다. 그런데 '나'에 집착하는 말나식의 이러한 능동적 기능이 앞
단계의 여섯 가지 마음(6식)을 오염시킨다. 아집으로 인해 의식이
자연스럽게 경험하는 사실들을 왜곡하는 것이다. 말나식을 '물들
여 더럽히는 의식(染汚意, 염오의)'이라고 부르는 것은 바로 말나
식의 왜곡 기능을 지적하는 것이다. '자기'에 대한 집착으로 표현
되는 말나식으로 인해 사람들은 온갖 고통과 괴로움을 겪게 된다.

'나'에 대한 집착 없이 자신과 주변에서 일어나는 모든 일을 물 흐르듯, 거울에 비추듯 관조할 수 있다면 특별히 괴로워할 일이 없을 것이다. 그런데 말나식은 무엇을 근거로 '나'에 집착하여 다른 마음을 오염시키는가? 이 물음에 대한 해답을 위해 등장한 것이 제8식인 아뢰야식(阿賴耶識)이다.

3) 제8식: 아뢰야식

아뢰야식은 사람의 최심층 의식으로서 가장 밑바닥에서 사람이 경험한 모든 것을 쌓아 두는 의식을 말한다. 아뢰야라는 말은 창고처럼 무엇인가를 저장한다는 뜻이므로 아뢰야식은 '저장하는 식' 또는 장식(藏識)으로 번역되기도 한다. 아뢰야식은 앞에서 언급한 일곱 가지의 마음들이 작용하여 초래한 결과들을 축적하고, 그 축적된 바를 다시 밖으로 표출함으로써 우리가 대면하는 현상 세계를 연출한다. 즉, 아뢰야식은 7식의 작용으로 얻은 경험을 통해 자신의 세계를 구성하고 그 세계 속에서 외부 대상과의 접촉을 가능케 한다. 따라서 대상 세계의 생성과 소멸도 모두 아뢰야식의 연출 기능에 달려 있다.

아뢰야식은 앞 단계의 7식으로 인한 사람의 모든 행위와 사고를 일종의 씨앗으로 저장한다. 제7식은 아뢰야식인 제8식에 저장된 내용들을 진짜 '나' 또는 '나의 것'으로 삼아 집착하고, 제6식인 의식을 비롯한 나머지 6식에게 마음 작용의 대상으로 제공한다.

일단 아뢰야식이 기능하면, 나머지 6식은 외부의 대상을 받아들일 때와는 반대로 방향을 바꾸어 내부의 대상들을 밖으로 표출해 낸다. 마음에 담긴 내용이 거꾸로 외부의 사물을 창출하는 것이다. 따라서 객관적으로 존재하는 외부 대상 세계의 중요성은 현저히 감소될 수밖에 없다. 대상을 지각하는 사람에게 저장된 제8식의 내용에 따라 외부 세계는 달라지기 때문이다. 그러나 제8식의 내용이 항상 대상 세계를 창조한다고 말할 수는 없다. 아뢰야식을 기점으로 하는 저장과 표출 과정은 일회로 그치는 것이 아닌 지속된 순환의 연속이므로 어느 하나를 지정하여 원인과 결과로 고정시키는 것은 불가능하다. 다만 존재하는 것은 오직 아뢰야식을 대표하는 마음 작용, 즉 '식' 뿐이라는 주장은 충분한 설득력을 얻게 된다. 유식론(唯識論)은 바로 이러한 아뢰야식을 바탕으로 성립한다.

『대승기신론』은 의(意)를 중심으로 제7식인 말나식과 제8식인 아뢰야식을 함께 설명한다. 먼저 『대승기신론』의 말을 직접 인용해 보자.

그다음 '생멸의 인연'은 이른바 중생은 심에 의거하여 의(意)와 의식(意識)이 전개되기 때문이다. 이 의미는 무엇인가? 아뢰야식에 의거하여 무명이 있다고 말하고 불각으로 (마음이) 일어나 능히 보고 능히 나타나며 능히 경계를 취해 염(念)을 일으켜 상속하기 때문에 '의(意)'라고 이름한다. 이 의에 다시 다섯 가지 이름이 있다. 무엇이 그 다섯 가지인가?

첫째는 '업의 식(業識, 업식)'이라고 이름하니, 무명의 힘으로 불각의 마음이 움직이는 것을 말하기 때문이다. 둘째는 '전환의 식(轉識, 전식)'이라고 이름하니, 움직이는 마음에 의거하여 상을 볼 수 있기 때문이다. 셋째는 '나타내는 식(現識, 현식)'이라고 이름하니, 이른바 일체 경계를 나타낼 수 있는 것이 마치 밝은 거울이 색과 모양을 나타내는 것과 같다. 현식 또한 그와 같이 그 5진이 다가옴에 따라 곧 나타내어 전후가 없다. 일체시에 저절로 일어나 항상 앞에 있기 때문이다. 넷째는 '아는 식(智識, 지식)'이라고 이름하니, 염법(染法)과 정법(淨法)을 분별하는 것을 말하기 때문이다. 다섯째는 '이어가는 식(相續識, 상속식)'이라고 이름하니, 염(念, 생각)이 상응하여 끊어지지 않기 때문이다. 과거 무량한 세월의 선악의 업을 유지시켜 사라지지 않게 하기 때문이며 또 현재와 미래의 고락 등의 과보를 능히 성숙시켜 어긋남이 없게 하기 때문이다. 또한 능히 현재 이미 겪은 일을 홀연히 생각하게 하고, 미래의 일을 자기도 모르게 허망하게 생각하게 한다(한자경, 2013, pp. 170-178).

그러니까 아뢰야식에는 불생불멸하는 진여심과 생멸하는 생멸심이 함께 존재하는데, 무명을 끈으로 하여 진여심이 생멸하는 의(意)와 의식(意識)으로 전개된다는 것이다. 진여심을 원인으로 하고 무명을 인연으로 하여 생멸에 물들여지는 마음(染心, 염심)이 일어나는데, 이렇게 무명에 의해 물들여진 염심이 바로 의와 의식이라는 말이다. 그리고 생멸에 물들여진 염심은 다섯 가지 움직임을 통해 점차 그 모습을 드러낸다.

첫째, 무명으로 인하여 깨닫지 못한 마음이 처음 움직이는 업식이다. 진여심을 자신의 본성으로 알지 못하는 무명이 아뢰야식에 종자로 남아 있던 지난 업의 힘을 움직여서 활동하게 하는 것이다. 둘째, 업식이 움직이면서 식을 이원화된 상태로 변화시키는 전식이다. 아뢰야식의 이원화 활동은 보는 자(주체 또는 견분)와 보이는 자(대상 또는 상분)로 식을 나누는데, 그중 능히 대상을 바라보는 주체(능견)로 활동하는 식이 전식이다. 셋째, 밝은 거울이 상을 나타내듯이 대상 세계를 그대로 비추어 나타내는 현식이다. 아뢰야식이 수행하는 이원화 활동의 결과로 보이는 대상(상분)을 만드는 식이다. 그런데 현식은 시간적 선후가 없이 동시에 한꺼번에 나타나며 항상 눈앞에 펼쳐져 있는 것으로서 끊어짐이 없는 것임이 강조되고 있다. 넷째, 구별하고 가리고 알아차리는 지식이다. 아뢰야식에 의해 나타나는 대상에 대한 식이 형성되어 그것이 물든 것인지(染, 염), 맑은 것인지(淨, 정)의 차이를 분별해 아는 식이다. 아뢰야식에서 보는 자와 보이는 대상이 형성되면 분별하는 다른 식들의 활동이 전개되기 시작하는데 그중 첫 번째가 제7식인 말나식의 활동이다. 지식(智識)은 바로 말나식의 활동에 해당한다(한자경, 2013, p. 177). 그러나 여기서의 분별은 아직 제6식인 의식 차원의 생각을 동원한 사량분별(思量分別)이 아니어서 식(識)이 아닌 지(智)라고 불린다. 다섯째, 생각을 끊임없이 이어 가는 상속식이다. 아뢰야식에서 보는 자와 보이는 자가 나뉘면 말나식에서 보는 자의 활동인 지식(智識)이 움직이는데 이 지식은 결국 생각의 분별을 말한다. 분별하는 생각이 생·주·이·멸의 과정을 반복하면서 끊임없이 일어나 단절 없이 이어져 나가게 하는 식으로서 과거, 현재, 미래의 일들이 생각의 재료가 된다.

원효는 상속식을 의식으로 보아 제6식에 속하는 것이라고 주장한다. 다만 상속식은 전후 맥락에 따라 제6식인 의식(意識)에 속하기도 하고 제7식인 의(意)에 속하기도 한다고 말한다. 분별과 집착에 상응하여 뒤의 것을 낸다는 뜻일 때는 의가 되고, 그것이 견애번뇌를 일으켜서 앞의 것에 따라 생긴다는 뜻일 때는 의식이라고 이름한다는 것이다(은정희 역주, 1991, pp. 226, 233). 그러니까 상속상은 제7식과 제6식을 연결하는 식이라고 말할 수 있을 것이다.

2. 마음이 물들어가는 과정(염법훈습)

진여심인 마음의 본성은 원래 맑고 깨끗하지만 무명이라는 어리석음으로 인해 물든 마음으로 가려진다. 그러나 물이 들었다고 해서 진여심인 마음 자체가 변화하는 것은 아니다. 『대승기신론』에서는 마음이 물들어가는 과정을 깨닫지 못함(不覺, 불각)의 세 가지 미세한 상(相)과 여섯 가지 거친 상(三細六麤, 삼세육추), 여섯 가지 물든 마음(染心, 염심), 마음에 물이 들어가는 법(染法薰習, 염법훈습)이라는 항목을 두고 설명하는데, 이들은 조금씩 초점이 다르지만 크게 보아 같은 내용이라고 말할 수 있다. 이 중 삼세육추는 마음이 물들어 가는 과정을 일목요연하게 설명할 뿐 아니라 8식과 관련하여 체계적인 분류가 가능한 형태로 진술되어 있다. 삼세육추에 대해 『대승기신론』에 진술된 내용은 다음과 같은데, 먼저 삼세부터 살펴보자.

> 깨닫지 못함의 면모(不覺義, 불각의)라고 하는 것은 진실과 같아진 모습(眞如法, 진여법)이 '하나 됨(一)'임을 사실대로 알지 못하기 때문에 깨닫지 못함으로 마음이 일어나, 왜곡하는 생각(念, 념)이 있음을 말한다. …… 다시 깨닫지 못함(불각)을 의지하기 때문에 세 가지 모습을 생겨나게 하여 저 깨닫지 못함(불각)과 더불어 상응해 여의지 않으니 어떤 것이 세 가지인가?
>
> 첫째는 '무지로 인한 행위가 출발하는 모습(無明業相, 무명업상)'이다. 깨닫지 못함(불각)을 의지하기 때문에 마음이 움직이는 것을 '업(業)이 된다.'고 설하는 것이다. 깨달으면 곧 움직이지 않지만 움직이면 곧 괴로움(苦, 고)이 있으니 결과(果, 과)가 원인(因, 인)을 여의지 않기 때문이다. 둘째는 '주관이 자리 잡는 모습(能見相, 능견상)'이다. 움직임을 의지하기 때문에 볼 수 있는 주관이 되니 움직이지 않으면 봄이 없다. 셋째는 '객관 대상이 자리 잡는 모습(境界相, 경계상)'이다. 주관(능견)을 의지하기 때문에 객관 대상(경계)이 허깨비처럼 나타나니 (주관의) 봄(견)을 여의면 곧 객관 대상이 없다(박태원, 2012, p. 99).

삼세는 심층 무의식에서 일어나는 세 가지 움직임으로서 그 물들이는 작용이 아주 미미하고 섬세하여 인식하기 어려운 상태를 말한다. 따라서 여기서 말하는 세 가지 움직임은 개인이 자기 내면에서 쉽게 지각할 수 있는 모습이 아니라는 점을 염두에 두어야 한다. 이 삼세의 첫 번째 움직임은 '하나 된 마음'을 깨닫지 못하는 무지와 무명에서 비롯된다. 하나 된 마음을 모르면 생멸하는 현상들을 독자적인 실체로 착각하게 되고 그에 따라 분별하는 생각을 일으키게 되는데 이 생각이 마음을 움직여 행위를 시작하게 한다(無明業相, 무명업상). 그 첫 번째 작업의 결과가 '나'라는 자아의식을 뚜렷하게 자리 잡게 하는 것이다. 그리하여 '보는 나' '움직이는 나'는 다른 대상들과 분리되어 존재하는 배타적인 실체로서 주인의 자리를 확실하게 차지하게 된다(能見相, 능견상). 일단 자아의식이 자리를 잡게 되면 그다음 작업은 대상을 대상으로, 즉 '나'라는 주관과 분리된 객관적인 '대상'으로 자리 잡게 하는 것이다. 보는 '나'라는 실체가 있으니까 보이는 나무라는 실체가 존재하고, 움직이는 나가 실체로 있으니까 움직여지는 의자가 실체로 존재하는 것이다. 그리하여 자아의식을 중심으로 자기와 타자, 주관과 객관을 분리하고 구별하는 작업이 본격적으로 시작되고 무명의 골이 깊어 간다(境界相, 경계상). 여기서 탈출할 수 있는 유일한 길은 배타적인 실체로 존재한다고 착각하는 나, 즉 주관을 버리는 것이다. 보는 주체로서의 나가 없으면 보이는 대상으로서의 너도 존재할 수 없기 때문이다.

이 같은 『대승기신론』의 삼세 논리는 모든 문제가 사람들이 당연하게 받아들이고 익숙하게 활용하는 이분법으로 수렴된다는 사실을 분명하게 밝히고 있다. 사람들을 착각 속에서 헤매게 하는 언어 환각과 실체 환각의 실제 내용이 이분법에 뿌리를 두고 있다는 것이다. 하나 된 마음을 알지 못하는 근본무명에서 시작된 마음의 오염 과정은 결국 자기와 타자를 나누는 이분법이라는 인식 구조를 발달시키고, 이 이분법은 다음으로 이어지는 육추의 오염(물드는) 과정을 거치면서 점차 확산되어 간다.

객관 대상이 조건이 되어[境界(경계)의 緣(연)이 있기 때문에] 다시 여섯 가지 모습을 내니 어떤 것이 그 여섯이 되는가?

첫째는 '분별의 모습(智相, 지상)'이니, 객관 대상을 의지하여 마음이 좋아함(愛, 애)과 좋아하지 않음(不愛, 불애)을 분별하는 것을 일으키는 것이다. 둘째는 '서로 이어지는 모습(相續相, 상속상)'이니, 분별(智, 지)을 의지하기 때문에 그 괴로움과 즐거움을 느끼는 마음을 내어서 왜곡하는 생각(念, 념)을 일으켜 서로 응하여 끊이지 않는 것이다. 셋째는 '달라붙는 모습(執取相, 집취상)'이니, 서로 이어짐(상속)을 의지하여 객관 대상을 좇아 생각하여 괴로움과 즐거움에 머물러 집착을 일으키는 것이다. 넷째는 '언어문자를 헤아리는 모습(計名字相, 계명자상)'이니, 허망한 집착에 의지하여 실체 없는 언어(假名, 가명)의 개념들을 분별하는 것이다. 다섯째는 '행위(業, 업)를 짓는 모습(起業相, 기업상)'이니, 언어 집착에 의지하여 개념 분별을 확산시키고 달라붙어 갖가지 행위를 짓는 것이다. 여섯째는 '행위로 인해 괴로움에 묶이는 모습(業繫苦相, 업계고상)'이니, 행위에 의지해 과보를 받아서 자유롭지 못한 것이다(박태원, 2012, pp. 99-100).

주체와 객체가 실체로서 자리를 잡는 주객 이분법이라는 인식의 틀이 완성되면, 마음에 물이 드는 과정은 객체로서의 대상이 어떤 조건인가에 따라 여섯 단계로 진행된다.

첫 번째가 대상을 좋아함과 좋아하지 않음으로 분별하는 모습이다(智相, 지상). 객체로서의 대상에 대하여 '나' 중심의 주체적 평가가 시작되는데 그 첫 작업이 좋아하는 대상과 좋아하지 않는 대상 또는 사랑하는 대상과 사랑하지 않는 대상에 대해 차별하는 마음을 내는 것이다. 둘째, 대상에 대한 느낌을 바탕으로 이를 합리화하는 생각을 끊임없이 일으키고 이어 간다(相續相, 상속상). 좋아하는 대상에 대해서는 즐거움을 느끼고 좋아하지 않는 대상에 대해서는 괴로움을 느끼는데 자기가 그렇게 느낄 수밖에 없는 이유들을 만들어 가면서 쉬지 않고 스스로를 정당화한다는 것이다. 셋째, 스스로 대상에 대한 생각을 이어 가는 단계를 넘어서서 이제 거꾸로 그 대상에 대한 생각에 매여 끌려가는 집착으로 발전한다(執取相, 집취상). 그리하여 즐거움을 주는 대상은 끌어당기고 괴로움을 주는 대상은 밀쳐내려는 강한 의지를 발동시킨다. 그 결과, 즐거움을 주는 대상에 대한 욕구와 욕구가 좌절되었을 때 느끼는 분노 역시 점점 더 강렬해진다. 넷째, 즐거움과 괴로움을 주는 대상에 대한 집착이 진행되면서 이 집착을 정당화하고 강화하기 위한 언어와 문자가 동원된다(計名字相, 계명자상). 가짜 이름을 붙이고 개념을 만들어 대상을 실체화한 후 자기가 원하는 방향으로 대상에 대한 평가를 몰아가는 것이다. 일단 언어와 문자가 개입되기 시작하면 언어의 관계적 특성에 따라 하나의 대상에 적용된 언어는 다른 대상으로 이어지며 계속 그 적용의 범위를 넓혀간다. 다섯째, 언어와 문자로 자기의 집착을 실체화하고 단단하게 다져 가는 왜곡 작업을 확산시키다가 급기야 실제 행동으로 옮기게 된다(起業相, 기업상). 대상에 대한 좋아함이나 싫어함, 즐거움이나 괴로움을 단순히 생각에 머물러 두지 않고 적극적인 행동으로 표출하는 것이다. 예를 들어, 부정적으로 평가하는 대상에 대하여 말로 욕을 하고 글로 비방을 하고 몸으로 폭력을 행사한다. 여섯째, 집착하던 바를 실제 행동으로 옮기면 결과가 뒤따르게 되는데 이로 인해 괴로움에 시달리게 된다(業繫苦相, 업계고상). 모든 행동은 결과를 몰고 오고 결과는 또 다른 행동을 몰고 오는 식으로 행동은 행동을 끌어들이는 악순환을 반복하게 된다. '나'의 행동은 그 대상이 된 다른 사람의 '행동'을 일으키고 그의 행동은 다시 나의 행동을 불러일으키는 패턴이 끊임없이 이어지는 것이다. 일단 이 악순환의 고리가 시작되면 거기에 매여 끝내 자유롭지 못하게 된다.

『대승기신론』에서 설명한 이상의 육추의 과정을 우리 주변에서 일어나는 일상에 대입해 보자. 앞에 깨닫지 못함(불각)에서 생주이멸의 과정을 설명할 때 어느 남편의 예를 들었는데 그를 다시 등장시켜 보자. 남편은 이미 세 가지 미세한 삼세의 과정을 거쳐서 '나'와 '남'을 둘로 나누는 이분법적인 틀로 생각하는 방식에 매우 익숙하다. 이 남편이 아침 식사를 준비해야 할 아내가 잠자리에서 뭉개고 있는 걸 본다. 이때 남편은 아내의 뭉개는 행동을 자기 책임을 다하지 않은 '좋지 않은' 행동이라고 평가한다. 이 시간이면 아내는 일어나 밥을 지어야 한다는 자기 나름의 명확한 기준을 세워 놓았기 때문이다(지상). 처음에는 얼핏 스쳐 가던 이 생각이 아내가 침대에서 뭉개는 시간이 길어지면서 점점 더 뚜렷해지고, 자기 책임을 다하지 않는 아내에 대해 여러 가지 관련되는 사건들을 떠올리면서 '좋지 않은' 느낌과 생각들을 증폭시켜 간다(상속상). 그리고 보니 아내는 남편인 자기에게 필요한 일을 잘 해 주지 않는 것 같고 일부러 자기의 마음에 들지 않는 행동을 종종 하는 것 같다. 이렇게 생각할수록 마음이 불편해지면서 화가 치민다(집취상). 아내의 저런 행동은 남편인 자기를 '무시'하는 행동으로서 '건방지기 짝이 없는' 못된 행동이다. 돌이켜 보니 아내가 남편인 자기를 무시하고 건방지게 행동한 사건들이 하나둘이 아니다. 이따금씩 시부모님을 홀대하던 것도, 아이들 앞에서 자기에게 면박을 주던 것도 다 자기를 무시하여 벌어진 시건방진 행동들이다(계명자상). '나를 그렇게 무시해서는 곤란하지. 이 기회에 혼을 내서 다시는 시건방진 행동을 하지 못하게 해야지.'라고 생각하던 남편은 "어이! 이 시간에 뭐하는 거야! 남편이 그렇게 우습게 보여? 도대체 당신 뭐하는 사람이야! 이젠 남편 밥도 해 주기 싫다는 말이지!" 하고 소리를 지른다(기업상). 깜짝 놀란 아내는 이내 화난 목소리로 대꾸를 한다. "아니 몸이 안 좋아서 잠시 누워 있는데 위로는커녕 왜 소리를 지르고 난리예요?" "뭐라고? 소리를 지르고 난리라고? 여편네가 남편한테 하는 말 좀 보소. 당신 나 무시하는 거 확실하네!" 이렇게 부부싸움이 이어지면서 갈등의 골이 깊어지고 남편의 마음은 지옥이 따로 없다(업계고상).

마음이 물들어가는 삼세육추의 과정은 일종의 연기설이라고 말할 수 있다. 박태원(2012)은 이를 '『대승기신론』의 불각 연기'라고 불렀다. 초기경전이 전하는 12연기의 생멸연기를 불각(깨닫지 못함)을 중심으로 재구성하여 계승하고 있다는 말이다. 원효는 이 삼세육추의 불각 연기를 유식 철학과 관련짓고 있다. 근본불각은 아뢰야식 내의 근본무명이고, 근본불각에서 파생된 지말불각은 이 근본무명으로 인해 생겨난 모든 존재오염인데, 삼세인 무명업상, 능견상, 경계상은 제8식에, 육추의 지상은 제7식에, 나머지는 6식에 배속시켜 해설하고 있다.

3. 마음이 맑아지는 과정

마음에 물이 드는 과정이 있으면 마음이 맑아지는 과정(淨法薰習, 정법훈습), 즉 마음의 원래 모습을 회복하는 과정도 있다. 마음의 문제를 해결하고 깨달음을 얻으려는 사람들에게 이 과정은 매우 중요하다. 『금강삼매경론』『대승기신론소』『대승기신론별기』 곳곳에서 마음이 맑아지는 과정을 언급한 것은 이런 이유에서다.

이 글에서도 시각에서 본각으로 향해 가는 과정에서 마음이 맑아지는 과정을 잠깐 이야기한 바 있다. 마음이 맑아지는 과정은 생각이 증폭되는 생 · 주 · 이 · 멸의 네 단계의 역방향, 즉 처음에 멸상을 거두어들이고 다음으로 이상, 주상, 생상의 순으로 거두어들이는 방향으로 진행된다고 말한 부분이 그것이다. 『대승기신론』은 '정법훈습'이라는 항목을 따로 두어 이 과정을 다른 각도에서 좀 더 자세하게 설명하고 있다.

『대승기신론』에 따르면 정법훈습은 진여훈습(眞如薰習)과 망심훈습(妄心薰習)으로 나뉜다. 진여훈습은 마음의 원래 참모습(진여)이 어리석음(무명)을 닦아서 소멸시키는 것(훈습)을 말하고, 망심훈습은 무명에 가려졌던 거짓 마음(망심)이 진여의 훈습을 받아 진여를 회복하기 위한 과정에 참여하게 되는 것을 말한다. 진여훈습이나 망심훈습이나 모두 힘의 원천을 진여에서 받는 것은 마찬가지지만 그 작용의 순서와 영역에 따라 차이를 둔 것이다.

정법훈습은 진여훈습에서 출발한다. 원래 참마음(진여)은 아무것에도 물들지 않은 맑은 모습이지만 무명에 의해 오염되기 시작한다. 그러나 무명에 물들고 가려졌다고 해서 진여가 없어지는 것은 아니다. 진여는 가리고 숨겨진 채 무명에 끊임없는 영향력을 행사하여 결국은 무명의 장막을 거두어내고 스스로 참모습을 드러낸다. '본각의 불가사의한 훈습'이 바로 이것이다. 따라서 진여는 훈습을 통해 도달하고자 하는 목적이면서 동시에 그 훈습을 일으키는 능훈(能熏)이기도 하다(한자경, 2013, p. 235).

진여훈습이 힘을 발휘하기 시작하면 무명에 의해 가려진 망심의 한가운데에서도 생사로 이어지는 고통을 싫어하고 이를 벗어나려는(열반) 힘이 움직이기 시작한다. 그리하여 점차 마음 안에 진여의 자리를 확대해 나간다. 이것이 망심훈습이다. 이 망심훈습은 일정한 경로를 따라 진행되는데 원효는 이를 다섯 가지 수행 단계로 정리하고 있다(은정희 역주, 1991, pp. 283-285). 각 단계의 내용은 다음과 같다.

첫째, 스스로 자신의 성품을 믿는 단계다. 망심훈습의 출발은 참 진리(진여)로서 자신의 마음을 확고하게 믿는 것이다. 자신의 마음이 본래 불생불멸하는 진여의 성품을 갖추고 있을 뿐 아니라 스스로 그 성품을 실현해 갈 것이라고 믿어 의심치 않는 것이다. 둘째, 마음의 허망한 움직임에 속지 않아 주(능견)와 객(소견)을 나누는 일을 멀리하는 단계다. 본래 마음은 불생불멸하는 것으로서 움직임이 없다. 따라서 대상과 분리되어 배타적으로 존재하는 실체로서의 보는 나, 움직이는 나라는 것이 없음을 분명하게 깨닫는다. 소위 자아의식이 거짓된 허위의식임을 알고서 멀리한다. 셋째, 앞에 경계가 없음을 뚜렷이 아는 단계다. 대상 세계가 실체로 존재하는 것이 아니라 허위의식이 만들어 낸 허상임을 깨달아 안다. 병든 눈에 보이는 꽃이 실은 진짜 꽃이 아니라 눈병이 만들어 낸 허상인 것처럼 대상(객관) 세계 역시 근거 없이 일어난 마음이 허망하게 그려 낸 허상임을 깨닫는다. 대상을 실체로 바라보던 환각에서 깨어나 모든 것이 마음의 문제임을 자각한다. 넷째, 수순

(隨順)하는 행을 일으켜서 집착하지도 생각하지도 않는 단계다. 수순은 소위 주체와 객체, 능견과 소견의 차별적 이원성을 넘어선다는 뜻이다. 말을 하지 않는 것이 아니라 말을 하면서도 말을 넘어서서 말에 집착하지 않고, 생각을 하지 않는 것이 아니라 생각을 하면서도 생각을 넘어서서 생각에 집착하지 않는 것, 즉 말을 하고 생각을 하면서 바로 그 순간 그로부터 자유롭게 되는 것이 진여에 수순하는 방식이다. 이렇게 수순하는 방법을 통해 생각을 없이하고 생각을 잃어버리는 경지에 도달하여 진여에 들어가는 체험을 한다. 다섯째, 오랫동안의 훈습의 결과로 무명이 멸하는 단계다. 오랜 시간의 훈습을 통해 더 이상 대상에 집착하지 않고 생각에 의지하여 분별하는 일에 빠지지 않는다. 이렇게 되면 아뢰야식에 있는 무명의 두께가 점점 얇아지다가 완전히 소멸되고 본래 마음의 맑은 모습, 즉 본래적 깨달음(본각)이 드러난다. 이것이 곧 무명이 멸하는 것이다.

앞의 망심훈습의 다섯 단계에서 훈습이 작용하는 구체적인 방법에 관한 내용은 능견이 등장하는 둘째 단계에서부터 수순이 방법으로 제시되는 넷째 단계까지라고 말할 수 있다. 다시 말해, 훈습의 실질적인 내용은 '자아의식(능견)의 소멸 → 실체로서의 대상 개념(소견) 소멸 → 수순을 통한 집착과 생각 소멸'의 과정으로 압축된다. 첫째 단계는 이 훈습의 과정을 믿는 마음가짐, 다섯째 단계는 훈습으로 얻게 되는 결과를 보여 주는 것이어서 훈습의 방법이라고 보기는 어렵다. 어쨌거나 정법훈습이 작용하는 방식이 자아의식과 대상의식을 소멸시킴으로써 이분법적 인식의 틀을 깨버리고 궁극적으로 모든 생각과 집착을 끊어 버리는 데에 초점을 두고 있다는 점은 주목해야 할 사항이다.

유식학의 관점에서 보면 방금 말한 정법훈습의 방법은 주로 제7식인 말나식과 제8식인 아뢰야식에서 일어나는 것으로 보인다. '나'를 형성하여 '나' 중심으로 생각을 전개하는 말나식과 정법훈습의 출발점이자 귀결점인 아뢰야식에서 벌어지는 일들이 주로 언급되고 있기 때문이다. 그러나 원효는 이 훈습의 과정이 제6식에도 동일하게 적용되는 원리임을 지적하고 있다. 모든 대상(경계)이 오직 식뿐임을 알지 못하기 때문에 마음 밖에 실제로 대상(경계)이 있다고 집착하는(은정희 역주, 1991, p. 286), 평범한 사람들이 빠져 있는 분별사식(分別事識)을 극복하는 일 역시 앞의 방법에 달려 있다고 보았기 때문이다. 여기서 분별사식은 모든 일에 분별을 적용하는 의식으로서 제6식에 속한다. 결국 '자아의식(능견)의 소멸 → 실체로서의 대상 개념(소견) 소멸 → 수순을 통한 집착과 생각 소멸'로 이어지는 훈습의 과정은 8식 전체를 관통하며 마음을 맑게 하는 방법이라고 요약할 수 있다.

그런데 『대승기신론』은 진여훈습이 작용하는 양상을 두 가지로 나누고 있다. 자체상훈습(自體相薰習)과 용훈습(用薰習)이다. 자체상훈습은 지금까지 설명한 것으로서 진여심 자체가 개인의 내면에서 훈습을 일으키는 것을 말한다. 특이한 것은 용훈습이다. 용훈습은 개인 바깥에 있는 인연이 원인이 되어 그 사람의 내면에 있는 진여를 움직여 작용케 하는 훈습이다. 그러니까 용훈습은 외부 인연이 개인의 내부에 있는 진여심에 자극을 주어 변화를 일으키는 훈습을 뜻한다. 나무가 불을 일으키는 특성을 갖고 있지만 적당한 조건을 만나지 못하면 스스로를 태울 수 없는 것처럼, 사람은 진여심과 그 훈습을 갖고 있지만 외부로부터 주어지는 인연이 없으면 스스로 진여를 실현하기 어렵기 때문에 외부 인연의 훈습이 필요하다는 것이다. 용훈습은 다시 차별연(差別緣)과 평등연(平等緣)의 두 가지로 나뉜다. 차별연은 외부 인연이 사람의 내면에 진여심을 일으키되 그 사람이 처한 처지와 상황에 맞춰 차별적인 모습으로 나타나는 것이다. 예를 들어, 어떤 사람에게는 부모나 친척으로, 어떤 사람에게는 친구나 원수로, 또 어떤 사람에게는 보시, 애어, 이행, 동사의 사섭(四攝)으로 나타날 수 있다(은정희 역주, 1991, p. 291). 평등연은 개인의 수행이 깊어져서 허망한 생각을 버리고 깊은 삼매(三昧)에 들었을 때 그 삼매에 진리의 몸(부처)이 나타나는 것이다. 이는 진여의 차원에서 보통 사람과 부처가 동체이기 때문이며 동체의 지혜가 힘을 갖기 때문에 가능한 일이다. 그 동체의 힘에 의해 자연적으로 진여의 작용이 일어나기에 자연적 훈습이라고 한다. 그리고 누구나 수행을 통해 삼매에 들면 모든 진리의 몸(불보살)을 볼 수 있으므로, 삼매에 든 수행자에게 진리의 몸(불보살)이 평등하게 그 모습을 드러낸다는 의미에서 평등연이라고 한다(한자경, 2013, p. 255). 평등연에 대한 『대승기신론』의 다음 글은 종교적 색채가 강하지만 이후의 논의를 위하여 여기 싣는다.

평등연이란 일체의 모든 부처와 보살이 일체 중생을 도탈(度脫)시키
고자 하여 자연히 이들을 훈습하여 항상 버리지 아니하는 것이다. 이는
동체지력(同體智力)으로써 중생의 견문에 따라 응하여 업용(業用)을
나타내는 것이니 이른바 중생이 삼매에 의하여야 평등하게 모든 부처
를 볼 수 있기 때문이다(은정희 역주, 1991, pp. 291-292).

5

마음 수행법

진여심은 본래적 깨달음의 불가사의한 훈습에 힘입어 자신의 참모습을 드러내기 시작한다고 하였다. 그러나 진여에서 우러나는 훈습의 힘은 어디까지나 변화를 일으키는 시작에 불과하다. 진여를 진여답게 드러내기 위해서, 그리하여 매사에 하나 된 마음으로 살아가기 위해서는 본격적인 마음 수행이 필요하다. 『대승기신론』은 수행신심분이라는 항목을 두어 진여를 향한 마음 수행법을 소개하고 있다. 흔히 불교의 수행법을 계(戒)·정(定)·혜(慧)의 삼학(三學)이라고 말하는데 『대승기신론』 역시 이 흐름을 따르고 있다. 다만 수행의 출발점으로서 믿는 마음을 포함시키고 마지막에 염불 수행을 추가한 특징이 있다. 그 중심 내용만 추려서 살펴보자.

첫째, 믿는 마음이다. 무엇을 하든지 마음 자세가 중요하다. 마음이 다른 곳을 향해 있으면 아무리 소중한 것을 보여 주어도 관심을 보이지 않는다. 그렇다면 마음이 무엇을 믿어야 한다는 말인가? 『대승기신론』은 진여법, 불, 법, 승에 대한 믿음을 강조한다. 진여법은 지금까지 앞에서 설명한 '하나 된 마음'을 말하고, 불은 무한한 공덕을 지닌 부처님, 법은 불교의 진리, 승은 이타행을 실행하는 스님을 말한다. 이 중에서 진여에 대한 믿음에 주목할 필요가 있다. 진여법을 믿는다는 것은 자신의 마음을 믿는다는 말과 다르지 않다. 이제까지 살펴본 대로 진여는 마음의 가장 깊은 곳인 아뢰야식에 머물면서 불가사의한 훈습을 한다. 따라서 진여 또는 진여심을 찾기 위해 다른 곳을 헤매고 다닐 필요가 없다. 단지 자신의 마음을 잘 들여다보며 수행에 전념하면 된다. 이런 지적은 진리를 다른 곳에서 찾으려는 노력이 허망한 것임을 설득력 있게 보여 준다. 『금강삼매경론』에는 '부자이면서도 가난한 아들'의 비유를 들어 다른 곳에서 헤매지 말고 자기 자신에게 집중할 것을 권고하는 내용이 실려 있다.

미혹한 아들이 손에 금전을 쥐고 있으면서도 가지고 있는 줄 알지 못하고 온갖 곳으로 돌아다니며 오십 년을 지냈다. 가난하고 궁핍하며 곤란하고 괴로워져서 일을 구하여 몸을 유지하려 하였으나 충분하지 않았다. 그 아비가 아들에게 이러한 일이 있음을 알고서 아들에게 말하였다. "너는 금전을 가지고 있으면서 어째서 사용하지 않느냐? 네 뜻대로 사용하면 모두 충족함을 얻을 것이다." 그 아들이 깨닫고 나서 금전을 얻어 마음으로 크게 기뻐하며 돈을 얻었다고 말하였다. 그 아비가 말하였다. "미혹한 아들아, 기뻐하지 말아라. 얻은 바의 금전은 네가 본래 가지고 있던 물건이지 네가 얻은 것이 아니니 무엇이 기뻐할 만하겠는가?"(은정희, 송진현 역주, 2000, p. 297)

　사람들은 자신이 찾고 있는 소중한 것들이 마음 바깥에 있다고 믿는다. 그리하여 마음 바깥에 있는 외부 대상들을 향하여 정신없이 달려가며 세월을 낭비한다. 작금의 한국 사회에 만연해 있는 성공 지상주의나 배금주의도 모두 바깥을 향한 치열한 내달음이다. 『대승기신론』은 이것이 잘못된 것임을 명확하게 선언한다. 아울러 방향을 바꾸어 자기 자신의 마음을 제대로 알라고 충고한다. 마음 안에 모든 것이 갖추어져 있다는 것을 깨달아 알고 그것을 깊이 탐구하라고 권한다. 본래적 깨달음이나 세상 모든 것을 하나로 보는 마음이 모두 '나' 안의 마음에 달려 있기 때문이다. 그러므로 무엇보다 자기 마음을 믿는 마음을 내는 일이 우선이다.
　둘째, 다섯 가지 수행의 방법이다. 다섯 가지는 보시, 지계, 인욕, 정진, 지관이다. 보시는 다른 사람들에게 자신이 가진 것을 내주는 행위로서 재물을 주는 재시, 심리적인 두려움, 공포, 우울, 불안 등을 덜어 주는 무외시, 진리를 깨우쳐 주는 법보시가 있다. 지계는 반드시 지켜야 할 계율로서 살생, 도둑질, 사음, 두말, 악담, 거짓말, 꾸미는 말 등을 하지 않고 탐욕, 질투, 사기, 아첨, 성냄, 사견을 버리는 것이다. 인욕은 다른 사람이 자기에게 끼치는 불이익에 대해 성내거나 보복하지 않고 참는 것이다. 정진은 수행하는 구체적 방식으로서 마음이 게을러져서 물러나지 않게 하고 뜻을 굳건히 하며 과거의 허망한 고통을 생각하고 자리·이타의 공덕을 행하는 것이다. 지관은 한편으로 분별을 거두어들이고 한편으로 자세히 관찰하는 수행의 방법인데 원효는 이 부분을 특히 중요하다고 여겨 따로 자세히 설명한다.

지관을 제외한 앞의 네 가지 수행법은 마음 수행과 관련하여 그것 자체로 의미가 있지만 마음 수행의 핵심이라고 할 수 있는 지관 수행을 위한 조건 내지는 결과로서도 의미가 있다. 이를테면 계를 지키는 일은 그것 자체가 자신을 보호하고 바람직한 사회생활을 유지해 가는 데도 중요하지만 흔들림 없이 지관 수행을 해 나가기 위해서도 필수적이다. 웬만큼 수행이 진전되기 이전에 계를 어기면 마음이 흔들릴 수밖에 없는데, 이렇게 마음이 흔들리는 상황에서 생각을 고요히 멈추거나 미세한 생각의 움직임을 관찰하는 일은 어렵기 때문이다. 원효는 『금강삼매경론』에서 본래적 깨달음을 얻은 사람은 "일체의 법이 공적함을 깨달았기 때문에 계율의 자성은 허공과 같다."라고 하면서 계율을 지키지 않는 것이 과실은 아니라고 해설한다(은정희, 송진현 역주, 2000, pp. 405-406). 계로 지정된 것이나 계에 어긋난 것이나 모두를 관통하여 하나 된 마음으로 머물 수 있는 사람에게 반드시 지켜야 할 계라는 것은 의미가 없다. 그는 이미 모든 실체 환각을 넘어섰기 때문이다. 따라서 계율이 반드시 지켜져야 하는 것도 아니다. 그러나 이는 본래적 깨달음에 머물 줄 아는 최고의 경지에 있는 사람들에게나 적용되는 말이지 일반인이나 초보 수행자들에게 적용될 말은 아니다. 그리고 깨달음의 최고 경지에 머무는 사람들 역시 다른 사람들을 본래적 깨달음으로 이끌어 가는 이타행을 위해서라도 방편상이나마 계율을 지키는 행동을 할 확률이 높다. 어쨌거나 네 가지 수행법은 수행을 위하여 지켜야 할 중요한 사항들이기는 하지만 '절대적'인 것은 아니며 수행의 수준에 따라 달리 평가될 여지가 있다.

셋째, 지관법이다. 계·정·혜의 삼학 중에 정과 혜에 관한 내용이다. 지관법은 앞에 다섯 가지 수행법에 포함되지만 특별한 의미가 있으므로 원효는 이 부분을 상세하게 해설한다. 지(止)는 일체 대상에 대한 상(境界相, 경계상)을 멈추고 분별을 멈추는 것(定, 정)으로서 범어의 사마타를 한자로 나타낸 것이고, 관(觀)은 생멸문에 의하여 전개되는 모든 상(法相, 법상)을 관찰하는 것(惠, 혜)으로서 범어의 비파사나를 한자로 나타낸 것이다. 원래 수행법으로서의 지와 관은 둘을 함께 쌍으로 닦는 지관쌍운(止觀雙運)을 뜻한다고 한다. 그러니까 편의상 지와 관을 따로 부르기는 하지만, 수행법으로서 이 둘은 항상 함께하는 것으로 보아야 한다(은정희 역주, 1991, pp. 366-367). 고요히 선정에 깊이 잠기는 일(삼매: 사마타)과 마음에서 일어나는 일을 지혜롭게 살피는 일(관찰: 비파사나)이 하나의 수행으로 연결되어 있다는 뜻인데, 이런 점에서 선 수행과 관찰 수행을 따로 분리하는 것은 경계해야 할 것이다. 그렇다면 지와 관을 수행하는 바른 방법은 무엇일까?

먼저 지의 수행법을 살피기 전에 『대승기신론』에서 말하는 지(止)가 현대인이 즐겨하는 명상과 매우 다른 것임을 밝혀 둘 필요가 있다. 『대승기신론』에서 말하는 지는 철저하게 외적 대상화를 거부하고 마음의 움직임과 머무름을 밝히는 일에 초점을 둔다. 마음을 보는 자와 보이는 대상으로 나누는 일 자체를 거부하는 입장에서는 당연한 일이다. 따라서 어떤 외부 대상을 두고 수행되는 명상은 『대승기신론』에서 말하는 지와 다른 것이다. 호흡을 따라가는 명상, 몸을 주시하는 명상, 선정에서의 경계나 마음 작용을 대상화해서 바라보는 명상 등이 그렇다. 명상이 마음을 평안히 가라앉게 하고 에너지를 집중시키는 역할을 하는 것은 사실이지만 진여심으로 이끄는 방법이 아님은 분명하다.

원효는 지 수행의 방법으로 『대승기신론』에서 제시한 아홉 가지 멈춤을 단계별로 자세히 설명한다. 그런데 이 아홉 가지 멈춤은 모두 마음에서 일어나는 생각과 관련되어 있어서 이들을 이해하려면 '생각'이 뜻하는 바를 정확하게 파악하는 일이 선행되어야 한다. 지금까지 이 글은 한자의 염(念)을 생각으로 번역하였으나 실제 생각을 표현하는 한자에는 염(念)과 상(想)의 두 가지가 있다. 모두 생각으로 번역되지만 염은 마음에서 일어나는 생각의 활동을 뜻하고, 상은 그렇게 일어난 생각의 결과물, 생각의 내용을 뜻한다(한자경, 2013, p. 369). 그러니까 염은 생각이 전개되는 과정, 상은 염의 결과로 남게 되는 생각의 결과물이라는 뜻이다. 인간의 지적 영역을 지식과 지적 능력으로 나누고 지적 능력을 다시 이해, 적용, 분석, 종합, 평가의 5개 하위 영역으로 나눈 현대 교육학자 블룸(Bloom)의 구분을 따르자면 지식은 상에, 지적 능력은 염에 해당한다고 말할 수 있다. 또한 현대 정보처리이론을 따르자면 외부에서 들어오는 정보를 표상하고 저장하며 변용하고 인출하는 과정을 뜻하는 정보처리 과정은 염에, 정보처리 과정의 결과로 감각등록기, 작동기억, 장기기억 등의 정보 저장소에 등록되는 정보들은 상에 해당한다고 말할 수 있다. 어쨌든 염과 상은 모두 생각으로 번역되지만 그 내용이 상당히 다르다는 사실에 주의해야 한다.

아홉 가지 멈춤을 살펴보면, 첫째는 내주(內住)다. 내주는 마음을 외적 대상에 따라 움직이게 하지 않고 안으로 모아 머물게 하는 것이다. 안으로 마음을 밝히는 수행으로서 바깥 대상을 향한 생각(想, 상)을 없애는 단계다. 둘째는 등주(等住)다. 등주는 미세한 상까지 모두 제거하여 없애는 것이다. 바깥 대상에 대한 거친 생각(상)이 제거되었어도 아직도 미세한 생각(상)들이 남아 있다. 이를 제거하기 위해 거친 생각(상)을 미세하게 하여 생각(염)을 따라 일어나는 미세한 생각(상)들을 다시 제거한다. 셋째는 안주(安住)다. 안주는 제거한다는 생각(상)마저 버리는 것이다. 밖으로 치달리는 생각(상)을 모두 없앴으나 안으로 없앤다는 생각(상)이 남아 있으면 밖으로 치달리는 생각(상)이 다시 일어나게 된다. 따라서 없앤다는 생각(상)마저 제거하여 안에 두지 않음으로써 밖을 잊을 수 있고, 밖을 잊으므로 마음이 고요하고 평안해질 수 있다. 넷째는 근주(近住)다. 안팎의 일체의 모든 대상이 본래 생각(상)할 수 있는 것도 생각할 만한 것(상)도 없는 것(환각)임을 분명하게 알기 때문에, 그것을 일으키는 생각(염) 역시 나지도 않고 멸하지도 않음을 잘 안다. 이런 사실을 바탕으로 자주 뜻을 일으켜 생각(염)을 멀리 떠나보내지 않기 때문에 마음이 가깝게 머문다. 다섯째는 조순(調順)이다. 조순은 마음을 따라 바깥의 대상들을 생각(염)하지 않는 것이다. 바깥의 대상들을 생각(염)하면 마음이 산란해지므로 안주와 근주를 열심히 닦아 밖의 대상에 허물이 있음을 깊이 알아야 한다. 이렇게 하면 밖의 대상이 곧 허물을 일으키는 생각(상)이라고 여기게 되는데, 이 생각(상)의 힘을 써서 마음을 안으로 모아 밖으로 흩어지지 않게 하는 것이 조순이다. 여섯째는 적정(寂靜)이다. 적정은 마음으로 마음을 없애는 것이다. 모든 분별하는 생각(상)이 마음을 움직이게 하다가 앞의 조순에 의하여 그 허물을 더욱 분명하게 깨달아 바깥 대상을 허물투성이의 생각(상)이라고 여기게 되는데, 이러한 생각(상)의 힘에 의하여 움직이는 마음이 점차 없어져서 마음이 일어나지 않게 된다. 일곱째는 최극적정(最極寂靜)이다. 최극적정은 안팎의 두 단계로 구분된다. 바른 생각(염)을 놓치어 잠시 밖의 대상에 의하여 마음이 흩어졌을 때, 바깥 대상이라는 것은 있지 않고 오직 마음일 뿐이라는 생각(염)의 힘을 써서 마음을 모아들이는 단계와 이 마음 또한 독자적인 모습(自相, 자상)이 없는 것이어서 생각(염)으로 얻을 수 없음을 알아 멈추는 것이다. 이처럼 안팎에서 마음의 움직임을 인정하지 않고 원래의 자리로 돌이키므로 최극적정이라고 한 것이다. 여덟째는 전주일취(傳住一趣)다. 전주일취는 가거나 오거나 무슨 행위를 하더라도 항상 방편을 생각(염)하고 수순하여 관찰하는 단계다. 이렇게 하여 오래 익히다 보면 앉으나 서나 움직이나 멈추나 무엇을 하든지 마음이 머물게 된다. 아홉째는 등지(等持)다. 등지는 마음이 흔들림 없이 멈춘 상태로 계속 유지되는 것이다. 이제는 무슨 행동을 해도 어떤 일이 벌어져도 마음이 움직임을 멈추고 자연스럽게 머물게 된다. 이런 등지의 마음은 바깥 대상이 아닌 (하나 된 마음이 보여 주는) 진여상에 머무르게 되는데, 진여상에 머물기 때문에 진여삼매에 들어가게 된다. 그렇게 되면 진여삼매의 힘과 작용이 드러나서 번뇌가 무릎을 꿇고 믿는 마음이 크게 자라서 뒤로 물러서지 않게 된다(은정희 역주, 1991, pp. 369-371).

다음은 관 수행이다. 『대승기신론』은 관(觀)을 수행하는 이유를 만일 어떤 사람이 지(止)만을 수행하면 마음이 가라앉거나 게을러져서 선한 일을 즐거이 행하지 않고 대비심을 내지 않기 때문이라고 한다. 선행을 즐기지 않는 것은 자리행(自利行)을 저버리는 것이고, 대비심을 내지 않는 것은 이타행(利他行)을 저버리는 것인데, 이를 보충하는 것이 관이라는 말이다(한자경, 2013, p. 388). 관 수행법은 네 가지로 분류한다.

첫째, 법상관(法相觀)이다. 법상관은 법의 상, 즉 세상의 모든 사상(事象)의 존재와 돌아가는 이치를 제대로 관찰하는 것을 말한다. 법상관은 다시 무상관(無常觀), 고관(苦觀), 무아관 또는 유전관(無我觀 또는 流轉觀), 부정관(不淨觀)으로 나뉜다. 무상관은 세상의 모든 것이 항상 인연을 따라 생멸하고 변화하는 것임을 자세하게 살피는 것이다. 고관은 마음의 작용이 생각하는 그 순간 바로 생멸하기 때문에 이것이 고통임을 자세하게 살피는 것이다. 무아관은 과거, 현재, 미래에 생각(念, 염)하는 모든 대상이 독자적인 특성을 가진 실체가 아니라 꿈이나 번개나 구름처럼 인연에 따라 잠시 머물다 없어지는 것임을 자세히 살피는 것이다. 부정관은 세상의 모든 몸은 다 깨끗하지 못하고 갖가지로 더러워서 하나도 즐거워할 만한 것이 없음을 자세히 살펴 아는 것이다. 둘째, 자비관(慈悲觀)이다. 자비관은 모든 사람이 무한한 과거로부터 무명에 의해 훈습됨으로써 고통을 받아 왔고 현재도 고통을 받고 있으며 앞으로도 고통을 받을 것을 알고 이를 가련하게 생각(염)하여 자비심을 일으키는 것이다. 셋째, 서원관(誓願觀)은 가련한 모든 사람의 고통을 덜어 주려는 간절한 소원을 내는 것이다. 이를 위하여 나와 다른 사람을 분별하지 않는 하나 된 마음을 내어 선한 공덕을 닦고 그들을 구원하여 열반(본래적 깨달음)의 즐거움을 누릴 수 있기를 희망한다. 넷째, 정진관(精進觀)이다. 고통을 당하는 사람들을 구원하려는 소원을 세우면 그것을 이루기 위하여 어느 곳에서나 항상 선을 닦기 위하여 게으름을 피우지 말고 끊임없이 정진해야 한다. 멈추어 지(止)를 수행하는 시간 이외에는 항상 맑은

정신으로 잘 살펴서 행해야 할 것과 행하지 말아야 할 것을 잘 구분해야 할 것이다(은정희 역주, 1991, pp. 403-405).

『대승기신론』은 이렇게 지 수행과 관 수행을 따로 떼어 설명한 후 실제로 이 두 수행을 따로 떨어뜨리지 않고 함께 수행해야 함을 강조한다. 그리하여 걷거나 머무르거나 눕거나 일어나는 모든 경우에 마땅히 지관을 함께 수행해야 한다고 지적한다(은정희 역주, 1991, pp. 405-406). 앞에서 말한 지관쌍운(止觀雙運)은 이를 말한다.

지금까지 핵심 내용 중심으로 지관법을 살펴보았다. 그런데 지관법(止觀法)에 관한 『대승기신론』과 원효의 소를 보면 생각에 대해 다시 생각하게 한다. 특히 지에 관한 위의 글에서 분명히 드러나는 것처럼 흔히 인식하는 대로 생각은 모두 부인되고 극복되어야 할 대상이 아니다. 생각 중에서 생각의 활동이나 기능을 지칭하는 염(念)의 측면은 오히려 수행에 도움이 되는 길잡이로서 매우 중시되고 있다. 움직임이 없이 머무는 마음을 성취하는 데에 염으로서의 생각은 곳곳에서 위력을 발휘하기 때문이다. 따라서 지 수행법에서 작용을 멈추어야 할 훼방꾼은 염으로서의 생각이 아니라는 점은 확실하다. 다만 주관과 객관, 주체와 대상을 분별하여 나누고 주객이 마치 실체로 존재한다고 착각하게 만드는 상(想)으로서의 생각이 수행을 가로막고 마음을 오염시키는 문제의 핵심이라는 사실은 변함이 없다. 물론 진여삼매의 단계에서는 염으로서의 생각 역시 끊어져야 할 것이다.

지 수행을 포함하여 선 수행에서 생각을 인정한다는 사실은 매우 중요한 의미가 있다. 생각은 언어를 바탕으로 형성되고 작용하는 것이므로 생각을 인정한다는 사실은 언어적 사유를 인정한다는 말과 같기 때문이다. 그렇다면 선과 언어를 대치시키고 마치 둘을 양립 불가능한 배타적 관계로 보는 시각은 재고되어야 한다. 원효는 일찌감치 이런 상황을 예상한 듯 『금강삼매경론』에서 선정삼매에 대한 언어적 사유가 가능하다고 못 박고 있다. 먼저 『금강삼매경론』을 살펴보자.

옛 논사는 '저 삼매라는 명칭을 여기서는 정사(正思)라고 한다.'고 말했다. 지금 이 말을 적는 것은 글 뜻에 합당하기 때문이다. 선정(禪定)에 있을 때에는 반연하는 대상에 대해 자세하고 바르게 생각하고 살피기 때문에 정사(正思)라고 한다.

질문: 선정이란 고요함이어서 하나의 대상에 고요히 머무르는 것이어야 하는데 어째서 자세하고 바르게 생각하고 살핀다고 말하는가? 그리고 생각하고 살피는 작용은 심사(尋伺)라고 해야 하는 것인데 어째서 선정을 생각하고 살피는 것이라고 말하는가?

대답: 만약 하나의 대상에 머무르면서 가라앉지도 들뜨지도 아니하여 자세하고 바르게 생각하고 살핀다면 이것은 선정이라 부르니…… 이제 이 금강삼매를 '바르게 생각하고 살피는 것'이라고 하는 것은 (이 삼매에서는) 바름도 바르지 않음도 없고, 생각이거나 생각 아닌 것도 없으나, 다만 분별하는 잘못된 생각과 구별하기 위하여 또 허공이 아무런 생각이 없는 것과는 같지 않기 때문에 억지로 정사(正思)라고 이름한 것일 뿐이다(박태원, 2014, pp. 182-184).

여기서 생각은 염(念)이 아닌 사(思)라는 다른 한자로 표기되어 있지만 내용은 염과 동일하다. 어쨌든 원효의 말에서 선정삼매에 머무는 데 생각하고 살피는 기능은 필수적임을 알 수 있다. 그렇다면 생각하고 살피는 언어적 사유는 선을 제대로 수행하기 위해서 반드시 필요하다고 주장할 수 있다. 다만 원효도 강조했듯이 이 생각은 분별하는 생각(想, 상)과 확연하게 구별되어야 하며 한 걸음 더 나아가 분별하는 생각을 극복하는 것이어야 한다. 선정으로 삼매에 든다는 것은 언어적 사유가 멈추거나 폐기되는 것이 아니라 분별 환각에 지배받지 않는 올바른 사유가 작동하는 마음 지평이 열리는 것이라는 원효에 대한 박태원의 주장이 타당성을 갖는 이유다(박태원, 2014, p. 185).

네 번째 마음 수행법은 염불 수행이다. 염불(念佛)은 '나무아미타불'처럼 어떤 대상을 마음으로 깊이 생각하고 불러서 자신을 이끌어 구원하게 하려는 타력 중심의 방편이다. 염불에 담겨 있는 힘을 빌려서 고통을 벗어나고 하나 된 마음을 지키려는 것이다. 『대승기신론』에서는 마음에 겁이 생기고 두려워서 뒤로 물러서려는 사람에게 물러서지 않는 방편으로 염불을 제시하고 있다. 부처에게 자신의 신심을 보호하는 특별한 방법이 있음을 알고 오로지 한마음으로 부처의 이름을 생각하고 부르면, 부처가 도와주어 신심을 보호하고 불국토(불교적인 이상국가)에 태어나게 하며 영원히 악한 도를 물리치게 한다는 것이다(한자경, 2013, pp. 399-401). 『무량수경상권』에는 아미타불이 서방에 정토를 마련하고 중생으로

하여금 '나무아미타불'의 6자 명호를 듣고 믿게 하여 구제한다는 내용이 들어 있다(은정희 역주, 1991, p. 411). 이처럼 염불은 자신 안에서 부처를 만나게 하고 부처의 능력을 활성화하여 자신을 거듭나게 하는 신통한 힘을 가지고 있다. '나무아미타불, 관세음보살!'을 외치는 절간의 풍경이 다 충분한 이유가 있는 셈이다.

"가난뱅이나 코흘리개 아이들까지도 모두 부처의 이름을 알게 되었고 일제히 '나무아미타불'을 부르게 되었으니 원효의 법화는 컸던 것이다."(고영섭, 2009, p. 138)라는 삼국유사의 기록은 원효가 염불을 중심으로 민중에게 불교적 철학과 사상을 전파했다는 사실을 실감나게 보여 준다. 어린아이들은 말할 것도 없고 무지한 민중이 이 글에서 전개한 원효의 고매한 철학과 사상을 제대로 이해하고 불교에 귀의했을 리 만무하다. 그보다는 염불만 잘 외우면 현세의 고통이 사라지고 진리가 넘치는 이상적인 나라로 갈 수 있다는 믿음 때문에 불교에 귀의했을 것이라는 말이 훨씬 더 설득력이 있다. 고통을 당하는 민중의 입장에서 보면 아주 수월하면서도 열매가 달콤해 보이는 방법에 쉽게 마음이 동했을 것이다. 물론 원효의 막힘없는 무애행이 민중의 마음을 사로잡는 밑바탕이었음은 말할 필요도 없다.

그렇다면 염불은 단순히 무지한 사람들을 유인하는 매력적인 방법이기 때문에 동원된 것일까? 그렇지 않다. 염불은 생멸하는 마음이 일어나 진여를 물들일 때 이를 자각게 하여 다시 진여의 자리로 돌아가게 하는 짧고 강력한 외마디 외침이다. 생각이 생·

주·이·멸의 단계로 진행될 때 마음을 오로지 하여 '나무아미타불'을 외치는 순간, 생각은 끊어지고 마음은 다시 하나 된 자리로 돌아간다. 이 글 곳곳에서 설명한 대로 무명을 벗어나 본래적 깨달음이 있는 진여의 자리로 돌아가라고 원효가 추천하는 길은 생각에 머물러 애쓰는 것이 아니라 마음자리를 이동시키는 것이다. 마음이 머무는 자리를 생각에서 생각 없음(무념)으로, 보는 자와 보이는 자로 나뉜 마음에서 하나가 된 마음으로 바꾸어 버리는 것이다. 이렇게 생각을 바꾸고 마음자리를 바꾸는 단순 명쾌한 방법이 바로 염불이다. 불교의 선사들이 느닷없이 고성을 지르고(할) 갑작스럽게 폭력(방)을 사용하며 도대체 이해가 불가능한 선문답을 던지는 것이 그런 것처럼 염불 역시 망상을 벗어나 깨달음의 세계로 곧바로 진입게 하는 효과적인 수단이다. '나무아미타불, 관세음보살!'을 외치며 그 무엇에도 방해받지 않고 무애행을 펼치는 대자유인 원효의 모습이 눈앞에 아른거린다. 시대를 초월하는 최고 수준의 논리를 구사하면서도 사회의 밑바닥에 있는 가장 어리석은 사람까지도 같은 수준으로 끌어올려 하나 된 마음의 보물을 누릴 수 있게 도와준 거인, 그가 바로 원효다.

무애상담의 기본 원리와 철학

『금강삼매경론』『대승기신론소』『대승기신론소·별기』를 중심
으로 살펴본 '마음'에 관한 원효의 사상과 철학은 한마디로 정교
하고 치밀한 심리학이라고 말할 수 있다. 마음의 종류와 기본 틀,
마음에 병이 드는 과정, 마음이 회복되는 과정, 마음 수행법 등에
대한 원효의 설명은 현재까지 필자가 아는 그 어떤 심리이론이나
정신치료이론보다 섬세하고 정밀하다. 원효에 비교하면 프로이트
는 유치하게 느껴질 정도다. 이런 점에서 원효의 마음론은 마음을
전문으로 다루는 현대 심리학과 상담학에서 새롭게 검토될 필요
가 있다. 아울러 원효에게서 '불교'라는 종교의 때를 벗기기만 한
다면 그의 사상과 철학이 현대 상담에 기여할 바는 무궁무진하다
고 여겨진다. 이 글은 그의 사상과 철학을 상담과 관련지으려는

시도의 하나다.

원효는 사람들이 그 무엇에도 얽매이지 않은 자유를 누리고 살기를 원했다. 그러나 그가 목격한 사람들의 생활은 그렇지 않았다. 서민은 서민대로, 귀족은 귀족대로 사람들은 나름대로 그럴싸한 이유를 가지고 고통에 시달리고 있었다. 고통에 시달리는 모든 사람에게 자유를 누리게 하기 위해 원효가 제시한 처방전은 명확하다. '바르게 생각하라(正思, 정사)!' 바로 이 한마디다. 그러나 너무나 쉬운 이 한마디가 가진 깊이는 그리 간단하지 않다. 사람은 태어날 때부터 바르게 생각할 수 있는 기회를 놓쳐 버린다. 사람을 둘러싼 환경이 온통 생각을 오염시키는 언어 환각에 물들어 있기 때문이다. 그리고 이 언어 환각은 곧바로 실체 환각으로 이어지면서 정상적인 생각의 작용을 마비시킨다. 그리하여 사람들은 환각에 사로잡힌 망상의 노예가 되어 자유를 빼앗긴 채 열심히 굴곡진 삶을 살아간다. 이 악순환의 굴레를 벗기는 유일한 방법은 '생각'에 제자리를 찾아 주어 바르게 생각하는 정상적인 기능을 회복시키는 것이다.

그러나 바르게 생각하는 것 자체가 최종 목적은 아니다. 바르게 생각하는 목적은 궁극적으로 그 무엇에도 얽매이지 않은 대자유를 누리는 데 있다. 바르게 생각함으로써 원래 자신에게 허여된 자유를 있는 그대로 누리는 것, 이것이 원효가 사람들에게 선사하고 싶었던 거침없는 삶이다. 거침없이 말하고 행동하는 원효의 무애행은 사람들을 이끄는 원효의 방편이면서 동시에 원효가 이상적으로 생각하는 삶의 모델이다. 밖으로도 안으로도 그리고 말로 표현이 어려운 안의 더 깊은 곳에서도 조금도 막힘이 없이 자유를 누리는 삶, 바로 그것이 무애의 삶이다. 이런 점에서 원효의 사상을 기반으로 한 상담을 '무애상담'이라고 불러도 전혀 이상할 것이 없다. 이 글은 앞으로 원효 상담을 무애상담이라고 부를 것이다.

원효는 불교적 깨달음과 관련하여 마음론을 펼쳤다. 하지만 상담자인 필자는 깨달음보다 사람들의 고통을 줄이고 즐겁게 사는 길을 제시한 원효의 사상과 언행에 관심이 있다. 굳이 불교적 깨달음까지 가지 않더라도 원효의 마음론에는 고통의 정체를 확인하여 이를 제거하거나 감소시킬 뿐 아니라 즐겁게 살아갈 수 있게 돕는 다양한 원리와 방법이 포함되어 있다. 따라서 이 글은 원효를 상담자로 간주하고 그에게서 다양한 상담의 원리와 전략을 이끌어 내는 데 초점을 둘 것이다. 원효를 근거로 상담학적 상상력을 동원하여 무애상담이라는 새로운 지평을 개척할 것이다. 이 과정에서 원효를 잘못 해석하는 부분이 있을지라도 크게 개의하지 않을 것임을 미리 밝혀 둔다. 무애상담의 기본 원리와 철학은 다음과 같다.

1. 욕구 인정하기

불교상담에서는 개인의 욕구를 충족의 대상이 아닌 제거의 대상으로 여긴다(박성희, 2007b, p. 64). 개인의 욕구는 현상 세계에 대한 분별심에서 나오는데, 이 분별심은 오류가 가득한 왜곡된 지각이라고 해석하기 때문이다. 분별심은 어리석음으로 인해 있지도 않은 '나'라는 실체를 상정하게 하고 거기에서 나오는 욕구에 집착하도록 유도한다. 이처럼 분별심에 사로잡힌 무명의 상태를 벗어나는 것, 다시 말하면 '나'라고 여기는 마음과 그 속에 있는 욕구를 제거하는 과정에 도움을 주는 상담이 불교상담이다. 따라서 불교상담은 당연히 개인의 욕구를 제거하거나 초월하는 데에 초점을 둔다.

필자가 보기에 개인의 '욕구'를 바라보는 원효의 관점은 불교와 사뭇 다르다. 그는 욕구를 제거하거나 초월해야 할 장애물로 보지 않고 오히려 진리가 실현되어야 할 터전이요 통로로 보았다. 최고의 깨달음은 욕구를 넘어서는 곳에 있을지 모르지만 욕구는 수행을 해 가는 모든 과정에 함께하기 때문이다. 앞의 마음 수행법에서 보았지만 마음 수행의 첫걸음은 '믿는 마음'을 내는 데서 시작하고 마지막 걸음은 '모든 사람들의 고통을 덜어 주려는 간절한 소원을 세우고 정진'하는 관법으로 마무리된다. 첫걸음과 마지막 걸음이 모두 '욕구'로 구성되어 있다. 따라서 무애상담에서 욕구는 상담의 토대로 간주되어야 한다. 다시 말해, 개인들이 가진 욕구는 부정되지 않고 긍정적으로 활용되고 실현되어야 한다. 하지만 모든 욕구를 인정하고 실현해야 한다는 말인가? 그렇다면 사회적으로 문제가 되는 욕구들은 어떻게 하라는 것인가?

원래 욕구는 가치 '중립적'이다. 문제는 중립적인 욕구에 잘못된 생각이 덧붙여지면서 욕구 왜곡이 일어나는 데에 있다. 예를 들면, 배가 고플 때 음식을 먹고 싶은 욕구는 중립적이다. 그런데 여기에 다이어트를 해야 한다는 생각이 들면 음식에 대한 욕구가 이상하게 뒤틀린다. 그리고 이렇게 뒤틀린 욕구는 이상한 방식으로 발산된다. 따라서 문제는 처음 시작된 욕구에 있는 것이 아니라 이를 이상하게 변형시키는 생각의 과정에 있다. 그렇다면 욕구를 문제 삼을 것이 아니라 그것이 변질되고 뒤틀리는 과정을 문제 삼아야 한다. 신체적 욕구는 물론이고 정신적·영적 욕구도 마찬가지다. 때가 되면 일어나는 식욕·성욕·수면욕을 부인하고, 더 많이 알려고 하는 지적 탐구욕과 아름다움을 추구하는 심미욕을 부인하고, 신비 체험을 향한 영적 욕구를 부인한 채 살아간다는 것은 도대체 가능한 일이 아니다. 사람으로서 갖게 되는 이런 욕구들은 아주 정상적인 것으로서 부정되지 않고 충분히 충족되어야 마땅하다.

중요한 것은 자신이 느끼는 욕구 그리고 그것을 충족시키려는 방법이 정상적인 것인지 아니면 왜곡된 것인지 제대로 '아는' 데에 있다. 제대로 알기만 한다면 왜곡된 욕구를 멀리하고 정상적인 욕구의 흐름을 따라가는 일은 아주 쉬워질 것이다. 그렇다면 욕구의 정상성과 왜곡됨을 구별해 낼 수 있는 기준은 무엇이고 우리는 그걸 어떻게 알 수 있나? 원효는 '본각의 공덕' 또는 '하나 된 마음이 주는 이익'이라는 이름으로 명쾌한 해답을 내놓는다. '본래적 깨달음'의 자리에 있을 때 자연스럽게 일어나는 이익이 있다는 것이다. 마음의 평안함과 자유로움 그리고 남을 이롭게 하는 이타행이 그것이다.

앞에서 논의했던 하나 된 마음이 가져오는 한 맛의 뒷맛도 마찬가지다. 본래적 깨달음 또는 하나 된 마음이 가져오는 이 공덕을 기준으로 삼으면 자신에게서 일어나는 욕구와 욕구 충족 과정이 정상적인 것인지 아니면 왜곡된 것인지 세밀하게 판단하는 일이 가능해진다. 성욕이 일어나고 이를 충족시키려 할 때, 마음에서 평안함과 자유로움이 느껴지고 성욕을 충족시키는 과정이 최소한 남들을 괴롭히지 않는 것이라면, 이는 정상적인 것으로 판단할 수 있다. 반면, 자신이 느끼는 성욕과 그것을 충족시키는 방법이나 과정에서 평안함과 자유로움을 놓치고 남을 괴롭히게 된다면 이는 명백히 왜곡된 것이다. 물론 이 기준은 매우 주관적이고 사람에 따라 달리 적용되겠지만 적어도 욕구와 욕구 충족에 대한 걱정이 쓸데없음을 분명하게 보여 준다. 따라서 무애상담은 욕구를 인정하고 적극 포용함으로써 세상의 삶 한가운데서 사람들이 자기실현을 이루게 돕는 상담으로 자리매김되어야 할 것이다. 이런 점에서 무애상담은 욕구를 제거하거나 초월하려는 불교상담과 시작부터 성격을 달리한다.

2. 현실에 참여하기

무애상담은 현실에 적극적으로 참여한다는 점에서도 불교상담과 대비된다. 불교상담은 청담자를 가급적 현실 세계로부터 멀리 떼어 놓으려고 한다. 그리하여 온갖 세상사와 인연을 끊고 새로운 업을 쌓지 않게 함으로써 절대 공에 가까워지고 고요한 적멸의 세계로 깊이 가라앉도록 돕는다(박성희, 2007b). 그러나 무애상담이 본으로 삼는 원효는 그러지 않았다. 원효는 서민들이 살아가는 삶의 현장 속으로 뛰어들어 그들과 함께 생활하면서 진리를 전파했다. 그리고 그가 전파한 진리는 마음을 하나로 모아 '나무아미타불'을 외치며 현재의 삶을 충실히 살아가라는 것이었다. 그러니까 서민들의 현실 세계는 열심히 참여해야 할 삶의 현장이며 동시에 진리가 실현되는 도장이었던 것이다.

진리가 제아무리 고상하고 아름다운 것일지라도 현실과 동떨어져 있는 것이라면 빛 좋은 개살구에 불과하다. 진리는 현실에 모습을 드러내고 현실을 살아가는 사람들에게 실제 영향력을 행사할 때 비로소 그 가치를 인정받을 수 있다. 원효는 '한마음 두 개의 문(일심이문)'을 통하여 이를 분명하게 밝히고 있다. 마음의 본체는 말할 수도 생각할 수도 없는 진여심이지만, 이 진여심은 생멸하는 현실 세계 속에서 비로소 그 가치를 드러낼 수 있다. 그림이 도화지의 존재를 확인시켜 주는 것처럼 생멸하는 현실 세계가 진여심의 세계를 확인할 수 있는 근거이며 통로다. 이처럼 현실 세계는 진여의 세계와 더불어 있으면서 진여의 실현을 가능케 하는 유일한 세계다. 그러므로 무애상담이 현실을 인정하고 현실에 참여하는 일은 너무나 당연하다.

그런데 원효의 현실 긍정은 항상 현실 부정을 전제로 성립한다는 점을 주목해야 한다. 그러니까 원효가 긍정하는 현실은 현실 세계 그대로의 현실이 아니라 현실 세계의 정체를 자각한 상태에서 만나는 현실이다. 다시 말해 우리가 일상적으로 인식하고 있는 차별과 분별이 가득한 현실이 아니라 모든 것을 평등하게 하나 된 마음으로 보는 현실을 말한다. 망심과 망상으로 가득한 눈앞에 펼쳐지는 현실이 아니라 생각으로 물들지 않은 맑은 눈앞에 펼쳐지는 현실이 바로 그것이다.

현실은 현실이로되 전혀 다른 현실이다. 그렇다면 새로운 현실을 맞이하기 위하여 우리는 처음 현실을 부정하여야 한다. 그리하여 먼저 현실을 부정하고 비어 있는(空, 공) 세계로 들어가야 한다. 그리고 거기서 묘하게 포착되는 새로운 현실을 맞이하여야 한다. 비어 있음(如實空, 여실공)으로 비어 있지 않음(如實不空, 여실불공)을 지향하고, 고요하고 비어 있어 적막함(蕭焉空寂, 소연공적)으로 깊고 넉넉하여 그윽한 세계(湛而沖玄, 담이충현)로 들어가야 한다.

무애상담에서 보는 현실 역시 이래야 한다. 상담자는 청담자가 겪고 있는 현실을 이런 시각으로 맞이하여야 한다. 청담자가 호소하는 현실을 존중하되 거기에 매몰되지 않고 그 너머의 비어 있는 세계를 응시하면서 그곳으로부터 서서히 퍼져 나오는 깊은 울림에 귀를 기울여야 한다. 그리하여 청담자와 깊은 만남을 하고 청담자 스스로 분별과 망상으로 오염된 자신의 현실을 벗어나서 원래부터 자리하고 있던 자신의 맑은 마음으로 현실을 새롭게 대면할 수 있도록 이끌어야 한다. 이런 역할을 하는 상담자 역시 항상 자신이 맑은 마음으로 현실을 대하고 있는지 스스로 깨어서 살펴야 함은 말할 필요도 없다.

3. 바르게 생각하기

무애상담은 '생각'을 중심으로 전개되는 상담이다. 바르고 지혜롭게 생각함으로써 망상과 환각에서 벗어나고 본래 자기 존재에 부여된 평안함과 자유로움을 누리게 하는 것이다. 이런 점에서 무애상담은 '생각 상담'이다. 그런데 이렇게 말하면 사람들은 무애상담을 인지상담과 혼동해 버린다. 그러나 무애상담은 흔히 알고 있는 인지상담이 아니다. 무애상담이 활용하는 생각은 인지 기능과 관련이 있기는 하지만 현대 인지상담이 다루는 인지적 기능과 전혀 차원이 다르다. 어떤 점에서 그런지 따져 보자.

먼저 인지상담에서 다루는 생각은 모두 효율성에 초점이 맞춰져 있다. 그리하여 상담 철학과 전략이 생각을 잘 관리하고 문제가 있는 생각을 바람직한 생각으로 바꾸는 데 온 힘을 기울인다. 이를테면 엘리스의 합리적 정서-행동 상담(Rational Emotive Behavioral Therapy: REBT)은 비합리적 신념을 찾아낸 다음 논박을 통해 이를 합리적 신념으로 바꾸는 데에, 켈리의 개인구념이론(Personal Construct Therapy)은 구념의 특성, 즉 개인이 자신의 경험 세계를 이해하고 해석하는 사고의 범주와 틀의 특성을 이해하고 고정역할시연을 통해 이를 좀 더 유연하고 체계적인 개념으로 바꾸는 데에, 그리고 벡의 인지행동상담(Cognitive Behavioral Therapy)은 개인의 내면에서 반사적으로 일어나는 자동화된 사고의 역기능을 발견하여 이를 합리적인 내용으로 교정하는 데에 초점이 맞춰져 있다(박성희, 2002). 방법은 다르지만 세 가지 대표적인 인지상담이 모두 현재 청담자의 내면에서 진행되는 생각의 결점이나 문제점을 찾은 다음, 이를 보다 적응성이 뛰어난 합리적인 생각으로 바꾸려고 한다는 점에서 공통점이 있다. 박성희(2010)는 『행복한 삶을 위한 생각처방전』에서 지금까지 소개된 생각을 바꾸는 다양한 방법을 백화점식으로 종합하여 제시하고 있는데, 그 내용을 '2장 마음을 괴롭히는 생각의 정체' '3장 좋은 생각 끌어들이기' '4장 생각을 바꾸는 전략' 등으로 구성한 것으로 보아 생각의 효율적인 관리에 초점을 둔 인지상담의 기존 패러다임을 벗어나지 못하고 있다. 무애상담에서도 생각을 효율적으로 관리하는 일을 무시하지 않는다. 아니, 오히려 기존의 인지상담에 비해

훨씬 더 세련된 원리와 방법을 동원하여 생각에 접근할 것이다. 하지만 무애상담의 핵심 목적은 생각을 다듬이 효율적으로 관리 하는 데에 있지 않다. 무애상담은 생각의 본질에 관심이 있다. 그 리하여 생각이 어떻게 형성되는지, 생각이 어떤 문제와 오류를 일으키는지, 그리고 어떻게 해야 생각을 떼어 놓고 벗어날 수 있 는지에 대해 본격적으로 탐구한다. 그러니까 무애상담은 생각에 대한 생각을 잘 함으로써 궁극적으로 생각을 벗어나는 데 관심을 갖는다. 생각에 대한 이런 종류의 접근은 지금까지 서양에서 시 작된 현대 인지상담에서는 꿈도 꾸지 못한 일이다. 반면, 동양에 서는 특히 불교 문화가 주류를 이룬 극동에서는 아주 보편화된 자연스러운 접근이다. 불안한 마음을 치료해 달라는 제자에게 불 안한 마음을 가져오면 치료해 주겠다고 대답한 스승의 반응은 '생각'을 다루는 동양식 접근의 일단을 잘 보여 준다. 이런 점에 서 같은 생각을 다룰지언정 무애상담은 현대의 인지상담과 뚜렷 하게 구별된다.

무애상담은 언어에 대해서도 진지한 관심을 갖는다. 언어는 단 순히 의사소통의 도구가 아니다. 언어는 모든 인식과 사유의 기본 틀이며 길이다(박태원, 2012). 우리의 인식과 체험은 항상 언어를 통해서 형성되고 언어를 통해 구체화되며 언어를 통해서 공유된 다. 인간은 곧 언어라고 할 정도로 우리가 하는 거의 모든 생활은 언어에 의존하고 있다. 암흑을 헤매던 헬렌 켈러가 빛의 세계로 나올 수 있었던 것도 다름 아닌 언어 학습을 통해서다. 이처럼 언어는 인간다운 삶을 살아가는 데 필수불가결하다. 앞에서 지적한 것처럼 생각은 언어로 짜이고 언어는 생각을 규정한다. 언어와 생각은 동전의 앞뒷면처럼 밀착되어 있다. 따라서 생각에 대한 논의는 당연히 언어에 대한 논의와 연결될 수밖에 없다. 만일 어떤 청담자가 비합리적 생각에 시달리고 있다면 그는 틀림없이 비합리적인 방식으로 언어를 사용하고 있을 것이다. 따라서 이 청담자의 비합리적 생각을 교정하는 일은 그가 비합리적으로 활용하고 있는 언어를 교정하는 일과 다르지 않다. 이렇게 생각을 다루는 일과 언어를 다루는 일은 하나로 연결되어 있다. 그러므로 무애상담은 언어 문제에 집중할 것이다. 그러나 생각에 대해서 그런 것처럼 언어를 다룰 때에도 신경언어학적 접근(neuro-linguistics programming)이 언어의 기능적 측면에 초점을 둔 것과 달리 언어의 본질을 드러내는 데에 중점을 둘 것이다. 언어는 언어이기 때문에 가질 수밖에 없는 한계와 단점이 있다. 그런데 이 언어의 한계와 부작용이 생각으로 이어지고 급기야 삶 전체로 확산될 때 문제가 심각해진다. 원효가 그토록 경계하는 실체 환각이 사실은 언어 환각에서 비롯된다는 점을 고려해 보면, 언어의 본질에서 파생되는 문제점을 파헤치고 그 함정에서 벗어나는 길을 찾아내는 일은 매우 중요하다. 다행인 것은 언어가 문제와 부작용을 갖고 있지만 동시에 정확하고 치밀한 사유도 가능케 한다는 점이다. 언어의 정체를 파악한 후 치밀하고 정확한 언어를 활용하여 언어의 문제를 극복해 가는 과정은 무애상담의 중요한 특징이 될 것이다.

4. 마음자리 이동하기

원효의 사상을 바탕으로 한 무애상담은 마음자리를 이동하는 '전환'을 중시한다는 점에서 훈련과 교육을 중시하는 상담들과 다르다. 원효에 따르면 사람의 마음은 본래적 깨달음(본각)에 머물러 있거나 아니면 깨닫지 못함(불각)에 머물러 있거나 둘 중 하나다. 비로소 깨달음(시각)은 깨닫지 못한 마음이 본래적 깨달음을 향해 행보를 시작하고 이어 가는 마음 전환의 과정이다. 불각에 머물던 마음을 본각의 자리로 이동시키는 과정이 바로 시각이라는 말이다. 그런데 이 이동의 과정은 곧바로 본각의 자리로 건너뛰는 것으로 완성된다. 본각은 처음부터 우리 마음에 있는 것이지 어떤 노력을 한다고 만들어지는 것이 아니기 때문이다. 따라서 굳이 본각에 들어가기 위해 훈련과 교육을 받을 필요가 없다. 다만 태양을 가리던 구름을 거둬내듯 그동안 본각을 가리고 있던 장막을 걷어내어 본래의 모습을 되찾게 하는 일이 필요할 따름이다. 이 장막을 거둬내는 일이 바로 마음이 머무는 자리를 불각에서 본각으로 전환하여 이동시키는 것이다. 그렇다면 정법훈습이니 마음 수행법이니 하는 것들은 무엇일까? 이들은 마음을 훈련하고 교육하는 방법으로 제시된 것이 아닐까? 맞는 말이다. 그러나 이들 마음 훈련법은 우리가 상식적으로 받아들이는 훈련 또는 교육과 지향하는 방향이 정반대다. 이를테면 마음을 강하게 단련시키는 것이 아니라 유연하게 풀어내고, 마음을 채우는 것이 아니라 비우고, 마음에 무엇을 더하는 것이 아니라 덜어내려고 한다. 그러니까 무엇인가를 더 추가하고 다듬고 세련되게 하는 '플러스' 훈련이 아니라 원래의 모습을 회복하기 위하여 줄이고 제거하고 소멸시키는 '마이너스' 훈련이다. 이런 점에서 정법훈습이나 마음 수행법은 훈련이나 교육이 아니라 원래의 마음으로 돌아가는 마음의 자리 이동으로 보는 게 정확하다. 그런데 마음자리 이동을 원활하게 하려면 한 가지 전제되어야 할 사항이 있다. 바로 자신의 마음에 대한 무한 신뢰다. 원효식으로 말하면 자신에게 본각 또는 진여심이 존재하고 이와 하나 될 때 평안함, 자유로움, 조건 없는 이타심이 흘러넘치리라고 확신하는 태도가 필요하다. 본각과 진여심에 대하여 이 같은 확신을 가지면 자신이 무언가 어긋나 있다고 자각하는 순간 생각을 멈추고 깨달음과 진여의 세계로 마음을 돌리는 일이 수월하게 이루어질 수 있다.

마음자리를 이동하는 방법을 상담에 적용한 사례의 하나가 모리타 상담이다(박성희, 2007c). 신경쇠약증, 강박적 공포증, 불안증으로 대표되는 '신케이시츠'를 치유하기 위하여 일본에서 개발된 모리타 상담은 신케이시츠를 일으키는 핵심 원인으로 지목되는 불안을 치유하기 위하여 청담자를 특정 장소에 고립시켜 놓고 생활을 위한 최소한의 행동을 허락하는 것 외에는 그야말로 아무것도 하지 않게 내버려 둔다. 그러면 일정한 시간이 지난 후 청담자의 내면에서 자연스러운 치유의 힘이 솟아 문제가 해결되기 시작한다. 불안을 치유하기 위하여 무엇인가를 더 하는 대신 아무것도 하지 않고 '있는 그대로' 내버려 둠으로써 청담자의 내면에서 숨을 쉬던 치유의 힘이 자연스럽게 활성화되는 것이다. 무엇인가로 항상 바쁘고 고단했던 자리에서 모든 것을 다 내려놓고 편히 쉬는 자리로 마음을 옮겨 놓음으로써, 즉 마음자리를 이동시킴으로써 해결을 꾀하는 전략이다.

사람의 마음, 특히 진여심이라고 부르는 마음에는 평안함과 자유로움뿐 아니라 치유와 성장으로 이끄는 엄청난 힘이 내장되어 있다. 중요한 것은 그 마음자리로 돌아가서 거기 갖추어져 있는 풍요로움을 부족함 없이 누리는 일이다. 앞에서 보았던 염불 수행법도 어느 순간 생각을 멈추고 진여심이 머무는 본각의 자리로 돌아가려는 짧은 외침이다. 이제 불각의 상태에 머무르면서 상황을 개선하기 위하여 온갖 수고를 다하는 피곤한 방법을 넘어서 본각의 상태로 성큼 걸어 들어가는 좀 더 쉽고 확실한 방법을 채용할 때가 되었다. 무애상담의 마음자리 이동이 이를 가능하게 할 것이다.

5. 현전재하기

현전재(presence)는 '지금-여기에 전체로 존재한다.'는 뜻으로서 로저스(Rogers, 1980)가 처음 언급하고 박성희(2013, 2014)가 번

역과 해설을 덧붙인 용어다. 로저스는 상담자의 현전재가 청담자의 치유와 성장에 결정적 도움이 된다고 주장하고 있고, 박성희는 현전재를 중심으로 상담의 기존 패러다임을 바꿔야 한다고 말할 정도로 현전재를 중시하고 있다. 그런데 '지금-여기에 전체로 존재' 하려면 반드시 통과해야 할 관문들이 있다. 그중 하나가 실체화하는 것, 특히 '나(我)'를 실체로 오인하는 개념 착각에서 벗어나는 일이다. 만일 '나' 가 고정 불변하는 실체로서 존재한다고 믿는다면 나는 항상 고정된 모습으로 남아 있을 수밖에 없다. 그리고 그런 나는 나 이외의 다른 모든 것을 대상으로 삼고 객체화시켜 버릴 것이다. 이런 나는 특정한 시간과 공간에 닫혀 있을 수밖에 없고 실체 개념에 어울리는 특정한 방식대로 행동할 수밖에 없다. 또한 '나' 에게 어울리지 않고 '나' 의 생각에 부합하지 않는 대상들에게는 쉽게 등을 돌려 버린다. 그리하여 매 순간 지금-여기에 새로 태어나 생기 있게 살아 움직이기가 어려워진다. 아울러 자신이 집착하는 특정 대상에 마음을 묶어 놓기 때문에 자신에게 일어나는 다양한 현상에 눈을 감아 버린다. 그러나 원효는 '나' 가 실체로 존재하는 것이 아님을 강조한다. '나' 는 우연한 인연과 계기들이 모여 잠정적으로 형성되어 작용하는 것으로서 시간의 흐름을 따라 변하고 소멸되는 무상한 존재일 따름이다. 그런데 이 '나' 를 실체화시켜 두꺼운 갑옷을 입혀 놓은 다음 그 '나' 에 집착하며 자기중심적으로 살아가는 모습이야말로 환각에 사로잡혀 마비된 삶을 사는 것과 다르지 않다. 마비된 삶을 벗어나서 지금-여기에 살아 움직이는 삶을 살려면, 무엇보다 먼저 '나'라는 실체의 갑옷을 깨뜨려야 한다. '나'를 고정된 실체가 아니라 순간 구성되고 순간 변형되는 열린 존재로 바라볼 수 있어야 한다. 그렇게 할 때 지금-여기를 누리며 전체로 존재하는 일이 비로소 가능해진다.

'나'에 대한 실체 환각에서 풀려나면 그동안 나를 사로잡았던 많은 것으로부터 자유로워질 수 있다. 그중 하나가 지금까지 자신의 삶을 지탱해 온 '기준'들이다. 의식하건 의식하지 못하건 사람들은 세상에 태어나 성장하면서 수없이 많은 기준을 내면화한다. 개인의 생존과 성장을 위해 '기준'을 내면화하고 이를 실제 생활에 적용하는 일은 필수적이다. '반드시(should, must, ought to)' 지켜야 할 것이라고 지칭되는 무의식 차원에서의 당위적 사고들, 애국이나 충·효와 같이 소속 사회가 의도적으로 주입한 '바람직한' 기준들이 모두 여기에 속한다. 그런데 한때 적응과 성장을 돕던 이 기준들이 반드시 지켜야 할 삶의 원리라는 실체로 탈바꿈해 버리는 순간 개인을 구속하는 집착으로 뒤바뀌고 지금-여기에서 일어나는 생생한 삶의 현장을 이탈하게 한다. 경직된 보수성의 뿌리도 여기에 있다. 그런데 '나'가 실체가 아니라는 사실에 맞닥뜨리게 되면 그동안 애면글면 지키려고 애썼던 '기준'들 역시 허망하다는 통찰을 얻게 되고, 그 결과 그에 대한 집착으로부터 자유로워지게 된다. 절대적 기준들로 가득했던 '과거'가 사라지면서 '현재'가 부활하고 지금-여기는 삶의 실존이 진행되는 현장의 자리를 되찾게 되는 것이다.

'나의 것'이라고 여겨 왔던 소유물들에 대한 소유욕도 마찬가지다. 그게 사람이건 사물이건 신념이건 나에게 속하고 나의 소유라고 여겼던 대상들이 실은 자신의 환각 작용으로 인해 나타난 신기루임을 알게 될 때, 그것들을 소유하려고 집착하는 마음은 더이상 힘을 쓰지 못한다. 사랑하는 연인이 영원히 자기 것으로 남아 있으리라고 생각하던 사람이 자기 자신도 연인도 고정 불변의 실체가 아니며 시간의 흐름을 따라 변해 가다가 소멸되는 존재라는 사실을 깨달을 때, 연인과의 사랑을 지금-여기에서 누리려는 욕구는 더 절실해질 것이다. 연인을 소유하는 것보다 지금-여기서 사랑을 누리는 행위가 더 소중할 것이며 그리하여 연인과 함께하는 순간순간 현전재하며 아름답게 빛날 것이다. 그리고 '나'와 '나의 소유물'에 대한 집착을 버린 사람이라면 연인이 다른 사람에게 마음을 주었다고 해서 연인에게 복수를 하는 따위의 행동은 하지 않을 것이다. 실체로서의 '나'도 없고 '나의 것' 역시 없다는 사실을 잘 안다면, 쓸데없이 연인이라는 실체에 집착하여 허망한 행동을 하지 않을 것이기 때문이다.

'나' '나의 기준들' '나의 것'이 실체가 아니라는 사실이 분명하게 드러날 때 집착이 사라지고 현전재하는 삶이 펼쳐진다고 앞에서 말했다. 실체 개념에 대한 집착은 이렇게 심각하다. 원효가 말하는 일심(一心), 즉 모든 것과 '하나 되는 마음'을 방해하는 장애물이 바로 집착이다. 실체 아닌 것을 실체로 착각하는 무지로 인해 생기는 집착, 바로 이것이 평안하면서도 자유롭게 살아갈 수 있는 사람들을 고통의 나락으로 떨어지게 하는 주범이다. 무애상담은 실체 개념을 철저하게 해부하여 정체를 드러내고, 실체 아닌 것에 집착게 하는 생각의 허망함을 노출시킬 것이다. 그리하여 쓸데없는 집착에서 벗어나 우리의 본래 마음에 부여된 평안함과 자유로움을 누리는 길로 안내할 것이다. 이 과정에 그 무엇에도 막히지 않은 채 바르게 생각하고 거침없이 행동했던 원효의 무애행이 본이 됨은 말할 것도 없다.

노파심에서 한 번 더 분명하게 언급할 사항이 있다. 고정 불변하는 '나'가 실체로 존재하지 않는다는 말을 '나'는 없다는 의미로 받아들여서는 곤란하다. 철학적·논리적으로는 그게 맞는 말일 수 있지만 현실을 살아가는 사람들에게 이는 매우 황당한 말이다. 이렇게 시퍼렇게 살아서 '나'를 중심으로 움직이고 있는데 그런 '나'가 없다니 수긍하기 쉽지 않다. 우리의 일상 경험이 말해 주는 것처럼 '나'는 분명히 존재한다. 그러나 이 '나'는 주어진 맥락과 상황에서 잠정적으로 구성되어 작용하는 임의적 존재이지, 절대적으로 달라지지 않거나 변화가 없는 실체가 아니다. 그러니까 부인해야 할 것은 실체로서의 '나'라는 개념이지 '나'라는 언어로 지칭되는 현상이 아니다. '나'는 살아서 기능하는 특정한 현상이고 언어는 바로 그런 특성을 '나'라는 말로 포착하여 표현한 것일 따름이다. 그런데 우리는 언어의 환술에 속아 '나'를 실체로 착각해 버리고 만다. 정확히 말해서, '나'는 있기도 하고 없기도 하다. 실체 개념에서 볼 때 '나'는 분명히 없지만 작용이나 기능의 차원에서 '나'는 분명히 존재한다. 이런 사실을 무시하고 다짜고짜 '나'는 없다는 무아 사상을 들이대면 누구나 당황할 수밖에 없다. 무애상담이 황당한 종교 상담의 차원을 벗어나기 위해서는 이런 사실에 입각해서 차분하게 청담자를 안내해 가는 과정이 필요할 것이다.

7

무애상담의 방법과 전략

무애상담은 '실체' 개념의 허구성을 깨닫고 이에 대한 집착을 덜게 하는 데 목적을 둔다. 이를 위하여 무애상담의 방법과 전략은 궁극적으로 '바르게 생각하기(正思, 정사)'에 초점을 둘 것이다. 그러나 이 방법과 전략들 역시 기왕에 아는 것에 무엇을 새롭게 배우는 '더하기' 상담이 아니라 그것들로부터 발을 빼는 '빼기' 상담이요, '더 넣기' 상담이 아니라 '덜어내기 상담'이라는 점을 염두에 둘 필요가 있다. 빼고 덜어내는 생각을 잘 함으로써 생각을 줄여 가다가 이상적으로는 생각을 벗어나는 상담이 무애상담의 특징이라고 말할 수 있다.

이 장은 일종의 실용 지침서(매뉴얼)를 작성하는 방식으로 기술할 것이다. 무애상담은 다음에 기술되는 순서에 따를 수도 있고,

청담자의 수준과 상황에 맞춰 선택적으로 활용될 수도 있다. 단, 특별한 언급이 없더라도 여기서 제시하는 거의 모든 방법이 때로 는 잠정적으로 실체 개념을 강화하는 방법일지라도, 최종적으로 는 '실체' 개념의 해체를 목표로 한다는 점을 잊지 말아야 할 것 이다.

1. 동체대비의 마음 내기

무애상담은 청담자를 안타깝게 여기는 상담자의 마음에서 시작 된다. 상담자는 청담자의 아픔과 고통을 바라보면서 자기 안에 자 비의 마음이 움직이는 것을 느껴야 한다. 그리고 마치 자신이 청 담자와 하나가 된 듯 그 아픔과 고통에 머물러 있어야 한다. 현재 청담자가 겪는 아픔과 고통은 잘못된 '생각'에 기인한 것이지만, 성급하게 이를 지적하고 들어가는 대신 청담자와 한 몸, 한마음으 로 연결되는 시간을 갖도록 한다. 그리하여 자신의 진여심에 들어 있는 이타심이 자발적으로 움직일 때를 기다린다. 진여심에서 상 담자와 청담자는 언제나 하나로 연결되어 있다. 이 과정에 다음 활동들이 도움이 될 수 있다.

- 청담자를 마음 한가운데 두고 조용히 명상을 한다.
- 청담자를 고향별에서 온 형제라고 생각하고 다음과 같은 상상의

나래를 펼쳐 간다.

첫째, 마음껏 상상의 나래를 펼칠 수 있는 조용한 곳을 찾아 눈을 감는다. 둘째, 머릿속에 따뜻하고 아름답게 빛나는 고향별을 떠올린다. 이 별에는 사랑과 자비가 넘치게 흐르고 있다. 셋째, 그 고향별에서 나와서 지금 현재 살아가는 자기 자신의 모습을 상상한다. 넷째, 청담자를 떠올리며 그 역시 같은 고향별에서 나와 현재 살아가는 모습을 상상한다. 다섯째, 그 고향별로 되돌아가는 자신의 모습을 상상한다. 여섯째, 그 고향별로 되돌아가는 청담자의 모습을 상상한다. 일곱째, 그 고향별에 흐르는 사랑과 자비가 자기 자신과 청담자를 동시에 감싸 안는 모습을 상상한다. 여덟째, 고향별의 사랑과 자비가 자신을 흠뻑 적시고 그리하여 청담자에 대하여 애틋한 마음이 솟아날 때까지 상상을 계속한다(박성희, 2012, p. 255).

- 청담자를 상담자와 조금 떨어져서 크는 나무라고 생각하고 둘이 한 몸인 '연리지'가 되기 위해 상담자 나무의 가지가 청담자 나무의 가지에 닿으려고 뻗어 가는 모습을 상상한다.

2. 공감소통으로 감정 가라앉히기

하늘 저편에 태양이 떠 있어도 구름이 가리고 있으면 볼 수가 없다. 거기다 비와 눈까지 내리면 태양의 존재는 까맣게 잊힌다. 여기서 구름을 잘못된 생각에 비유하면 비와 눈은 그로 인해 야기된 감정, 느낌들이라고 말할 수 있다. 태양을 다시 보려면 먼저 비와 눈이 그치고 하늘을 뒤덮고 있는 구름들이 사라져야 하듯이 진 여심을 보려면 가슴에 쌓여 있는 감정과 느낌들이 먼저 말끔하게 사라져야 한다. 감정과 느낌이 생생하게 살아 있는 한, 생각을 꼼꼼하게 살피고 문제를 찾아 교정하는 일은 무척 어렵다. 발등에 불이 붙은 사람에게는 자기성찰을 하라는 주문이 들릴 리가 없다. 따라서 생각에 대한 상담을 시작하기 전에 오래 묵고 쌓인 감정을 먼저 털어내야 한다. 이를 위해 청담자의 말을 잘 경청하고 깊이 소통하는 일이 중요하다. 그리하여 청담자가 자기 감정에 담긴 에너지를 다 쏟아내고, 마음의 무거운 짐을 다 내려놓아 가벼워진 상태에서 자신의 생각을 성찰할 수 있게 안내하여야 한다. 이 과정에 다음의 공감소통 6단계가 도움이 될 것이다.

1) 공감소통 6단계

① 공감소통 1단계: 마음 비우기

청담자의 말을 잘 들어주며 소통하려면 무엇보다 먼저 마음이 깨끗하게 비워져 있어야 한다. 마음에 다른 것이 차 있으면 청담자의 말이 잘 들어오지 않기 때문이다. 마음을 비우는 대표적인 방법으로 명상이나 선을 추천할 수 있지만, 그 밖에도 집중명상, 관찰명상, 신념 비우기, 감정 비우기, 고민 비우기, 상상으로 공감하기 등 여러 가지 방법이 활용될 수 있다.

② 공감소통 2단계: 청담자의 언어 이해하기

청담자와 소통을 할 때 청담자를 공감적으로 이해하는 일은 매우 중요하다. 청담자를 공감적으로 이해하기 위해서는 먼저 청담자가 사용하는 용어와 낱말들의 의미를 정확하게 파악하는 일이 필요하다. 〈달과 공주〉라는 유명한 동화가 이를 잘 설명해 준다. 이 동화에서는 공주가 말하는 '달'이 무엇을 의미하는지 알았다면 아무 문제가 없었겠지만 그렇지 못했기 때문에 큰 소동이 일어난다. 따라서 청담자와 대화를 할 때 청담자가 사용하는 언어들이 구체적으로 무엇을 의미하는지 정확하게 파악하는 일이 선행되어야 한다.

청담자가 사용하는 핵심 용어와 낱말들의 정확한 의미를 파악하는 가장 좋은 방법은 자신을 이제 막 말을 배우기 시작하는 어린아이로 간주하는 것이다. 궁금한 것은 많고 아는 것이 적은 어린아이가 온갖 물음으로 주변 사람들을 괴롭히는 것처럼 청담자에 대하여 마치 아무것도 모르는 듯 물어보고 따져 보아야 한다. 물론 지나치게 많은 질문을 하여 청담자를 짜증스럽게 해서는 곤란하지만 청담자의 문제와 관련된 용어와 낱말 또는 청담자가 아주 신중하게 대하는 듯한 용어나 낱말에 대해서는 철저하게 알고 넘어가야 한다(박성희, 2009).

③ 공감소통 3단계: 청담자의 논리 이해하기

핵심 용어와 낱말의 의미를 파악하는 일 못지않게 중요한 것이 청담자의 내면에서 진행되는 논리를 이해하는 일이다. 청담자가 아무리 터무니없고 엉뚱한 논리를 전개할지라도 그 논리를 잘 이해하고 공감해야 그를 도울 수 있는 방법을 찾을 수 있다. 청담자의 고유한 논리를 이해하기 위하여 다음의 과정이 도움이 될 수 있다.

먼저 자신의 마음을 비우고 백지에 그림 그려 나가듯 청담자의 논리를 추적한다. 여러 번 이 과정을 반복하여 청담자의 논리가 머리에 환히 떠오르도록 한다. 가능하면 흐름도를 그리거나 도식화하는 것이 좋다. 그리고 청담자의 논리를 충분히 이해하였다고 생각하면 그 논리를 발전시켜 본다. 청담자가 미처 다가가지 못했던 부분까지 상담자가 앞장서서 논리를 전개시켜 보는 것이다.

④ 공감소통 4, 5단계: 청담자의 두 가지 동기 파악하기

청담자를 제대로 이해하려면 말의 내용을 이해하는 일도 중요하지만 그 말을 하는 근본적인 이유를 알아야 한다. 도대체 저 말을 왜 하는지, 저 말을 통해 얻으려고 하는 것이 무엇인지를 알아야 한다는 뜻이다. 말하기 전 청담자의 마음에 자리하고 있던 근본동기를 파악하는 것이다. 근본동기는 크게 두 가지로 나뉜다. 하나는 필요한 것이 모자라서 생기는 결핍동기, 다른 하나는 더 발전하고 싶은 성장동기다. 결핍동기는 채워 주면 사라지고 성장동기는 채울수록 더 추구하게 된다. 그런데 잘 살펴보면 결핍동기와 성장동기는 따로 떨어진 것이 아니라 밀접하게 연관되어 있다.

그러니까 결핍동기가 충족되면 곧바로 성장동기가 일어난다. 많은 경우 성장동기가 충족될 때에 만족도가 커진다는 점을 고려하여 특히 청담자의 성장동기를 주목할 필요가 있다.

청담자의 결핍동기와 성장동기를 찾기 위해서는 다음과 같이 할 수 있다.

첫째, 서로 대화를 시작한다. 어느 정도 대화가 무르익으면 청담자의 이야기를 들으면서 '저 말을 하는 이유가 뭘까?' '저 말을 통해서 충족시키려는 욕구는 무얼까?' '저 말 뒤에 숨어 있는 성장동기는 무얼까?' 라는 질문을 자신에게 던지며 거기에 알맞은 동기를 찾아본다. 둘째, 생각해 낸 동기가 정확한지 청담자에게 확인한다. 셋째, 만일 자신이 생각해 낸 답이 틀리면 다시 다른 동기를 찾아보고 청담자에게 확인하는 작업을 반복한다.

⑤ 공감소통 6단계: 공감 표현하기

공감을 하는 것도 중요하지만 공감을 표현하는 것 역시 중요하다. 아무리 상담자가 청담자의 말에 공감을 해도 이를 말로 표현하지 않는 한 청담자는 상담자가 자신을 제대로 이해하고 있는지 알기 어렵다. 따라서 상담자는 청담자와의 대화 속에 자신이 공감한 바를 능숙하게 표현할 수 있어야 한다.

공감적 표현은 크게 두 부분으로 나눌 수 있다. 청담자가 가졌을 법한 느낌, 감정, 동기, 행동 등을 말하는 부분과 그렇게 하게 된 이유와 근거를 들어 말하는 부분이다. 이 두 부분을 이어 보면

'~하니까 ~하는구나.'라는 형식으로 표현된다. 이를테면 "친구가 갑자기 함부로 대해서 무척 당황했군요."라는 식이다. 그런데 이러한 표현에서 뒷부분, 즉 청담자의 느낌, 감정, 동기, 행동을 언급하는 부분이 대단히 중요하다.

공감적 표현의 뒷부분은 다시 두 가지 유형으로 나눌 수 있다. 하나는 청담자의 말 속에 표현된 느낌, 감정, 동기, 행동 등을 있는 그대로 잘 드러내 주는 말이고, 다른 하나는 한 걸음 더 나아가 그 속에 감춰져 있는 소망과 바람 등을 들추어내는 말이다. 공감 소통 5단계와 관련지어 보면 전자는 결핍동기, 후자는 성장동기를 표현하는 말이라고 할 수 있다. 어쨌거나 전자를 기본 수준의 공감이라고 한다면 후자는 심화 수준의 공감이라고 말할 수 있다. 하지만 심화 수준의 공감이 기본 수준의 공감보다 나은 것이라고 생각하면 오해다. 이 두 가지는 대화 상황에 따라 달리 적용되어야 할 대화 유형일 따름이다(박성희, 2009).

3. 언어 · 논리 상담

1) 언어 문제(언어 환각)에 대해 따지기

언어는 다양하게 정의될 수 있지만 기본적으로 의사소통을 매개하는 '편의적인 기호'라는 점에는 이견이 없다. 여기에서 주목해야 할 부분은 '편의적'이라는 부분과 '기호'라는 부분이다. '편의적'이라는 말은 '절대적'이라는 말에 대응하고 '기호'라는 말은 '실체'라는 말에 대응한다. 그럼에도 사람들은 언어로 표현되는 현상들을 절대적인 실체로 받아들인다. 아울러 언어는 언어로 지칭되는 대상을 다른 것들과 분리시키는 경향이 있다. 대상에 특정 이름을 붙이는 일은 가위로 오려내듯 그 대상을 다른 대상들과의 관계에서 잘라내어 실체화하는 과정이기 때문이다. 즉, 언어로 정의하고 언어로 개념화하는 작업 자체가 경계를 짓고 다른 것들과의 관계를 배제하는 작업이다. 따라서 언어는 한편으로 소통을 돕는 중요한 매개자이면서 다른 한편으로 현실을 왜곡하고 '관계'를 파손하는 장애물이기도 하다. 따라서 청담자는 언어의 폐해를 잘 이해하고 그 함정에 빠지지 않아야 한다. 먼저 다음 일화를 함께 읽으며 언어의 문제에 대해 생각해 보자.

• 나가세나와 밀린다왕

나가세나라는 유명한 스님이 밀린다왕을 만나게 되었다. 왕이 먼저 그의 이름을 물었다.

나가세나: 왕이시여, 저는 나가세나로 알려져 있습니다만 이 나가세나라는 이름은 이름에 지나지 않고 거기에 인격적 실체는 없습니다.

밀린다왕: (놀라면서) 그럼 나가세나로 불리는 존재는 도대체 누구인가요? 머리카락이 나가세나인가요?

나가세나: 대왕이여! 그렇지 않습니다.

밀린다왕: 몸의 털들이 나가세나인가요?

나가세나: 대왕이여! 그렇지 않습니다.

밀린다왕: 발톱이 나가세나인가요?

나가세나: 대왕이여! 그렇지 않습니다.

왕은 이, 피부, 근육, 털 등등 신체를 구성하는 온갖 부위 하나하나를 들어가며 따져 묻지만 나가세나는 계속해서 부정을 한다. 이어서 왕은 물질적인 육체, 지각과 느낌, 생각과 표상, 욕구와 의지, 마음과 의식 중 어느 것이 나가세나냐고 묻지만 나가세나는 역시 부정한다. 왕은 끝내 나가세나라고 단정할 근거를 찾아내지 못하자 마침내 나가세나가 거짓말을 한다고 비난한다. 이에 나가세나가 반론을 시작한다. 먼저 왕이 걸어서 왔는가, 무엇을 타고 왔는가를 묻고 왕이 수레를 타고 왔다고 대답하자 다음과 같이 문답을 이어 나간다.

나가세나: 대왕이여! 만약에 수레를 타고 오셨다면 무엇이 수레인가를 나에게 일러 주시지 않겠습니까? 대왕이여! 수레의 채가 수레인가요?

밀린다왕: 스님! 그렇지 않습니다.

나가세나: 수레의 축이 수레인가요?

밀린다왕: 스님! 그렇지 않습니다.

나가세나: 바퀴가 수레인가요?

밀린다왕: 스님! 그렇지 않습니다.

이런 식으로 나가세나는 수레가 멍에인가, 바퀴인가, 채찍인가 하고 따져 묻지만 왕은 계속 부정한다.

나가세나: 대왕이여! 나는 대왕께 몇 번씩이나 물어보았지만 수레를 확인할 수가 없습니다. 대왕이여! 수레란 단순히 말에 불과한 것일까요? 그렇다면 수레는 무엇일까요? 대왕께서는 수레는 없다고 대답하여 진실이 아닌 거짓말을 한 것입니다.

나가세나는 왕의 논법을 그대로 따라 왕에게 반격을 가한다. 그리하여 왕으로 하여금 채와 축과 기타 다른 구조물들에 의존해서 수레라는 명칭이 생겨난다는 점을 인정하지 않을 수 없게 한다. 마찬가지 논리로 나가세나는 신체의 구성 부분에 의해서 나가세나라는 이름이 생기며 인격적 실체는 존재하지 않는다는 대답을 유도해 낸다(지안스님, 2004).

- 나가세나는 누구인가? 그리고 무엇이 수레인가? 이를 고민하면서 '언어에 따른 통념'과 '실체'가 다른 것임을 생각해 본다.
- 현재 자신이 고민하고 있는 문제 증상의 이름을 대고 그 이름의 '실체'가 무엇인지 따져 본다(예: 우울증, 불안증, 강박증, 신체염려증, 폭식증, 자기애성 성격장애 등).
- 일상생활에서 자신을 화나게 하는 욕이나 별명이 구체적으로 지시하는 '실체'가 무엇인가 따져 본다(예: 실패자, 루저, 못난이, 바보, 개새끼, 쪼잔이, 엉성이 등).

2) 논리 및 판단의 문제(논리 환각)에 대해 따지기

논리 또는 판단(이후 논리로 통일하여 사용할 것임)은 말이나 글에서 사고나 추리 따위를 이치에 맞게 이끌어 가는 과정이나 원리를 뜻한다. 이치에 맞게 합리적으로 전개되는 과정이며 원리이기 때문에 사람들은 논리 자체에 대해서는 문제를 제기하지 않는다. 논리가 비합리적으로 또는 잘못 전개될 때가 문제이지, 논리 자체에 의심을 품지는 않는다는 말이다. 따라서 논리에 맞는 말과 글은 언제나 쉽게 수용된다. 특히 삼단논법처럼 진리를 찾아내는 형식으로 굳어진 논리 그리고 그런 논리에 따라 이르는 결론에 대해서 사람들은 별 이의를 제기하지 않는다. 그런데 잘 따지고 보면 형식논리에도 문제가 발견된다. 형식논리를 따를 때 도달하는 결론이 직접 체험하는 사실이나 실제와 어긋나거나 양립 불가능한 모순으로 귀결되는 경우가 종종 발생하기 때문이다. 왜 그럴까? 필자는 그 이유의 하나를 '언어'에서 찾을 수 있다고 본다. 앞에서도 말했지만 언어는 대상 세계에 경계를 짓고 다른 것들과의 관계를 배제하면서 성립하고 그 결과 실체화와 차별화의 오류를 가져온다. 따라서 전적으로 언어에 의존하는 논리는 불가불 언어가 가진 문제를 그대로 간직할 수밖에 없다. 그러므로 언어의 오류는 논리의 오류로 이어지고 결국 논리 자체에 문제를 야기할 수밖에 없다. 그럼에도 우리는 지나치게 언어와 논리에 의존하여 생각을 전개하고 살아가는데 바로 여기에 근본적인 문제가 있다. 우리가 바르게 생각하지 못하는 이유는 일차적으로 생각의 주요 구성 요소인 '언어와 논리'에서 비롯된다. 따라서 언어와 논리에 대한 근본적인 인식의 전환 없이 바르게 생각하는 길을 찾으려는 것은 어리석은 짓이다. 그러므로 자신이 사용하는 언어와 논리를 철저하게 점검할 필요가 있다. 여기서는 논리의 한계를 지적하려고 한다. 이를 통해 청담자 스스로 논리라는 것 자체와 평소 자신이 사용하는 논리의 허망함을 자각하고, 자신의 생각 속에서 전개되는 논리를 '실체로 수용하고 집착하는 어리석음'에서 벗어나게 할 필요가 있다. 그리하여 청담자가 논리와 자신 그리고 생각과 자신을 동일시하여 집착하는 잘못을 자각하고 거기서 발을 빼는 출발선으로 삼도록 한다. 정상적으로 전개되는 논리에도 심각한 문제가 있는데 하물며 허점으로 가득한 청담자의 논리가 얼마나 허약한 것인가를 되돌아보게 하려는 것이다.

먼저, 다음에 제시되는 이야기를 중심으로 논리 자체에 모순이 있거나 우리가 체험하는 현실에 어긋나서 두드러지게 눈에 띄는 문제가 되는 논리들 그리고 그것이 문제가 되는 이유를 따져 본다.

① 대립되는 가정, 같은 결론

우리의 일상 대화에는 가정법이 많이 활용된다. '만일 ~하다면 ~하다.'는 식으로 가정과 결론이 연결된 문장 형식이 그것이다. 일반적으로 어떤 사실을 가정하고 얻은 결론은 그와 대립되는 사실을 가정하고 얻은 결론과 반대가 된다. 그런데 대립되는 사실을 가정했음에도 불구하고 동일한 결론이 도출되는 경우가 있다.

세상에 끝이 있다면 어찌 다음 세상이 있겠으며, 세상에 끝이 없다면 어찌 다음 세상이 있겠는가?(서동은, 2008, p. 53)

이 문장에서는 세상에 끝이 있건 없건 다음 세상은 없다는 같은 결론이 나온다. 그렇다면 세상의 끝이 있다거나 세상의 끝이 없다거나 하는 말을 쉽게 할 수가 없게 된다. 있다고 해도 모순, 없다고 해도 모순이 되기 때문이다. 결국 있음도 부정하고 없음도 부정할 수밖에 없는 상황에 빠지게 되는데 여기서 벗어나려면 '세상'이라는 실체 개념에 대한 집착을 버려야 한다. '세상'을 고정불변의 실체로 정의하고 이에 집착하는 한, 이 같은 오류에서 벗어날 길이 없다.

② 제논의 역설

논리를 충실히 따르다 보면 우리가 경험적으로 알고 있는 사실과 다른 결론에 도달할 때가 있다. 그중 하나가 무한소급의 논증으로 잘 알려진 제논의 역설이다. 다음 문장들을 보자(위키백과).

- 아킬레스와 거북이: 아킬레스가 거북이보다 10배 빨리 달릴 수 있다고 가정하고 거북이를 아킬레스보다 100m 앞에서 출발시킨다. 아킬레스가 100m를 달려가면 거북이는 10m를 가고, 따라잡기 위해 아킬레스가 10m를 가면 그동안 거북이는 1m를 나아간다. 아킬레스가 거북이를 따라잡기 위해 달린다 하여도 그 시간 동안 거북이는 움직이므로 아킬레스는 영원히 거북이를 따라잡을 수 없다.

- 화살의 역설: 화살이 날아가고 있다고 가정할 때 시간이 지남에 따라 화살은 어느 점을 지날 것이다. 한 순간 동안이라면 화살은 어

떤 한 점에 머물러 있을 것이고, 그다음 순간에도 화살은 어느 점에 머물러 있을 것이다. 화살은 항상 머물러 있으므로 사실은 움직이지 않는 것이라는 이야기다.

- 이분역설: 어떤 물체가 A지점에서 B지점으로 이동하기 위해서는 그 중간 지점인 C를 통과해야 한다. 그리고 마찬가지로 A에서 C로 가려면 그 중간 지점인 D를 통과해야 한다. 또 A에서 D로 가려면 그 중간 지점인 E를 통과해야 하고, 이런 식의 사고를 계속하다 보면 A와 B사이의 거리가 아무리 짧다 해도 A에서 B까지 가려면 무한히 많은 점을 통과해야 하기 때문에 물체는 이동할 수 없다.

이 세 가지 경우는 모두 논리적으로 보아 문제가 없다. 설정된 상황 그리고 우리가 아는 고전적인 논리를 충실하게 따를 때 흠잡을 데 없는 결론을 내고 있기 때문이다. 그런데 이 결론은 우리의 현실 경험과 너무나 다르다. 아킬레스는 머지않아 거북이를 따라잡고, 화살은 머물지 않고 날아서 과녁에 도착하며, 움직이는 물체는 중간 지점들을 다 통과하여 목표 지점에 도달하기 때문이다. 이렇게 무한소급의 논증은 논리로서는 하자가 없지만 실제와 괴리된 이상한 결과를 도출한다. 물론 제논의 역설은 미분과 운동의 개념을 고안한 고전 물리학에 의해 반박되고 있지만, 무한소급의 논증 자체가 폐기되는 것은 아니다.

③ 하나도 아니고 둘도 아님

일상적으로 우리는 다른 이름을 가진 것들을 '분리된 실체'로 생각하며 살고 있다. 눈, 코, 입이 그럴 뿐 아니라 우리가 경험하고 이름을 붙이는 모든 대상 세계가 그렇다. 그런데 논리적으로 따져 보면 그런 것은 없다. 다시 말해, 독립적으로 홀로 선 실체는 없다. 존재하는 모든 것은 항상 관계 속에서 존재한다. 따라서 관계를 배제한 채 어떤 사실이 홀로 실체로 존재한다고 생각하는 것은 잘못이다. 모든 사실은 서로를 의지하며 함께 있을 때 성립하며 서로 떼어 놓으면 존재하지 않는다. 다음 문장을 보자.

눈앞에 나타나는 대상들을 볼 때 눈이 존재하는 것은 확실하다. 그런데 눈은 스스로 눈인 자기를 볼 수 없다. 즉, 눈에게 눈은 없는 것이다. 그렇다면 눈은 있는 것인가 없는 것인가? 논리적으로 눈은 없다.

이 문장은 우리의 상식과 어긋난다. 세상을 시퍼렇게 쳐다보고 있는 눈이 실재하는데 논리로는 눈이 없다는 말도 안 되는 결론에 도달한다. 위의 논리를 조금 자세히 풀어 보자.

눈은 자기 자신인 눈을 볼 수 없다. 따라서 눈이 눈을 볼 수 없기에 눈은 존재하지 않는다. 눈 스스로 눈을 보려 할 경우에 눈은 홀로 있게 되기에 결국 눈의 존재가 사라지고 만다. 이때에는 봄, 즉 눈의 보는 작용도 없다. 그런데 눈이 아니라 다른 시각대상이 등장하면 시각대상이 보이고(보는 작용) 대상을 보는 눈도 보는 것이 있으므로 존재를 인정받는다. 따라서 눈은 시각대상과의 관계 속에서만 존재할 수 있다. 시각대상을 배제하고 눈 스스로 눈 그 자체를 보려고 할 때 눈은 존재의 세계에서 사라진다. 이 논리는 시각대상에도 똑같이 적용된다.

일상적으로 우리는 눈도 실재하고 시각대상도 실재하는 줄 알고 산다. 그런데 참모습을 분석해 보면 눈도 실재하지 않고 시각대상도 실재하지 않는다. 다만 '갖가지 사물들이 보인다.'는 하나의 사건만 일어날 뿐이다. 그런데 우리의 생각은 그런 한 덩어리의 시각 사건을 눈과 시각대상, 보는 측과 보이는 측이라는 식으로 두 개의 개념으로 나누어 버린다. 우리의 생각은 마치 가위와 같다. 원래 시각작용도 없고 시각대상도 없는데 시각작용인 보는 눈과 시각대상인 보이는 대상으로 잘라낸다. 이렇게 생각의 가위로 잘라내는 작용을 '분별'이라고 한다. 그런데 생각의 가위질인 분별에 의해 잘려진 세상은 이 세상의 참모습이 아니다. 이 세상 모든 것은 서로 얽혀 있기 때문이다. 얽힌 그물을 자르는 순간 이 세상의 참모습에서 벗어난다(김성철, 2006, pp. 80-94).

- 언어와 개념으로 짜인 '모든' 논리와 판단에 문제가 있음을 따져 본다. 우리가 사용하는 논리와 판단은 그 과정이 잘못되어서가 아니라 실체를 전제로 한 언어와 개념으로 만들어지는 것이기 때문에 태생 자체에 문제가 있다는 점을 확인한다. 이 과정에서 용수가 제안한 중관학의 사구부정의 논증을 활

용한다.

④ 사구부정(四句否定)

지금까지 '논리'의 문제를 살펴보았다. 정상적으로 전개된 논리인데도 결국 모순되거나 현실과 부합하지 않거나 우리의 상식을 여지없이 파괴해 버린다. 앞서 제시한 예들은 그동안 아무 의심 없이 활용해 온 '논리'에 대하여 경각심을 준다. 그런데 문제는 여기서 그치지 않는다. 조금 더 파고 들어가 보면 우리가 사용하는 '모든' 논리와 이해 방식에 문제가 있다. 앞의 논리들은 확연하게 문제가 드러나기 때문에 눈에 확 띄지만 우리가 당연하게 여기며 사용하고 있는 모든 이해 방식과 논리가 사실은 문제투성이다. 용수의 중관학에서 말하는 4구(四句) 판단과 부정의 논리는 이점을 명확하게 드러낸다. 먼저 4구가 무엇인지부터 알아보자. 앞에서도 언급한 것처럼 사구는 어떤 사태에 대해 내릴 수 있는 네 가지 판단을 말한다. 사구의 기본 틀은 다음과 같다.

제1구: 그것은 A이다.
제2구: 그것은 A가 아니다.
제3구: 그것은 A이면서 A가 아니다.
제4구: 그것은 A도 아니고 A가 아닌 것도 아니다.

그런데 이 4구 중에서 제3구와 제4구는 우리의 생각에 들어올 수 없는 무의미한 사고로서 간혹 억지 판단을 하기 위해 사용될 따름이다. 따라서 제1구와 제2구에 집중하여 우리가 일상적으로 전개하는 논리와 판단은 무엇이 문제인지 따져 보자.

사구판단에 대한 비판과 부정을 하기 전에 한 가지 분명하게 해 둘 것은 사구비판의 논리는 언어화된 판단을 대상으로 삼는 것이 아니라 언어 이전의 분별적 사유를 그 대상으로 삼는다는 점이다. 다음에 볼 '비가 내린다.' 는 판단을 비판할 경우, 이 명제로 된 판단 그 자체를 비판하는 것이 아니라 '비가 내린다.' 는 판단에 대한 사구적인 이해 방식을 비판한다. 다시 말해 문장화된 판단 그 자체를 비판하는 것이 아니라, 그런 판단을 대하는 우리의 인지적 태도를 비판하는 것이다(김성철, 2006, p. 122).

이제 4구적 이해 중 제1, 2구를 '비가 내린다.' 는 판단(명제)에 적용하여 비판해 보자. 여기서 '비' 라는 개념이 '내림' 이라는 개념을 이미 내포한 용어임은 당연히 전제된다.

원판단: 비가 내린다.
제1구적 이해: '내림을 갖는 비' 가 내린다.
제2구적 이해: '내림을 갖지 않는 비' 가 내린다.
제3구적 이해: '내림을 가지면서 갖지 않는 비' 가 내린다.
제4구적 이해: '내림을 갖는 것도 아니고 갖지 않는 것도 아닌 비' 가 내린다.

우선 제1구적 이해는 의미 중복의 오류를 저지르고 있다. 이 세상에 있는 모든 '비' 중에 내림을 가지지 않은 비는 없다. '비'라는 개념 자체가 '내림'이 있기 때문에 성립된 것이다. 따라서 내림을 가진 비가 다시 내린다고 말하는 것은 동어반복 또는 동의반복에 불과할 따름이다. 술어의 의미가 주어 속에 포함되어 있는 모든 경우가 여기에 속한다. 바람이 분다, 꽃이 핀다, 버스가 간다, 철수가 운다, 영희가 쇼핑한다, 영철이가 불안을 느낀다, 길동이가 우울하다, 꺽정이가 분노한다 등의 진술들이 모두 그렇다.

여기서 의문이 생길 수 있다. '비가 내린다.' 는 진술은 동의반복이라는 비판을 받을 수 있지만 '버스가 간다.' 는 진술은 어떻게 동의반복이라는 비판을 받을 수 있을까? '버스' 라는 말은 '감' 과 무관하지 않은가? 버스라는 말 자체는 감과 관련이 없다. 그러나 '버스가 간다.' 고 할 때 그 버스는 어떤 버스를 의미하는가? 어떤 상태에 있는 버스를 의미하는가? 버스가 저기 달려가고 있다. 그 것을 보고 "버스가 간다."라고 말했다. 그 버스는 서 있는 버스도 아니고 떨어지는 버스도, 뒤집히는 버스도 아닌 가고 있는 버스다. 그렇다면 '버스가 간다.' 는 판단은 '가는 버스가 간다.' 는 것을 의미하기에 이 역시 의미중복의 오류를 범하게 된다(김성철, 2006, p. 135). 앞서 예로 든 불안, 우울, 분노 등도 모두 같은 논리로 비판할 수 있다.

제2구적 이해는 사실에 위배되는 오류를 저지르고 있다. 내림을 갖지 않는 비라는 것은 없다. 그런데도 내림을 갖지 않는 비가 내린다고 말하는 것은 없는 사실을 말하는 격이다. 내리지 않는 비가 내리는 것처럼, 불지 않는 바람이 불고, 피지 않는 꽃이 피고, 가지 않는 버스가 간다는 것은 말이 되지 않기 때문이다. 술어의 의미를 주어에서 배제할 경우 이렇게 사실에 위배되는 오류를 범한다.

결국 술어의 의미가 주어 속에 포함된 제1구의 논리와 술어의 의미가 주어에서 배제된 제2구의 논리 모두 비판될 수밖에 없다. 제1구는 의미가 중복되고 제2구는 사실에 위배되기 때문이다.

중관학에서 말하는 사구부정의 방식에 따라 우리의 사유 속에서 진행되는 제1, 2구적 이해의 논리가 모두 잘못된 것이라는 점을 밝혔다. 사구부정의 방식을 따르면 우리가 일상적으로 사용하는 '모든' 논리와 판단과 이해 방식은 다 문제가 있다. 우리가 모르고 있을 따름이지 지금도 우리는 매일매일 문제가 가득한 논리를 사용하여 일상의 사태들을 직면하고 있는 셈이다. 그렇다면 우리의 논리 또는 우리의 이해 방식은 왜 이렇게 오류에 빠질 수밖에 없을까? 답은 명확하다. 우리 앞에 일어나는 사태들은 그냥 덩어리로 일어나고 있을 뿐인데 그 사태를 표현하기 위하여 언어와 개념으로 분할해 놓고 주어와 술어로 나누어 놓은 다음 마치 그들이 실체인 것처럼 대하기 때문이다.

분할은 우리 생각의 숙명이다. …… 우리의 생각은 마치 가위 같아서 이 세계를 자의적으로 오려서 갖가지 개념들을 만들어 내고 그렇게 오려진 개념들을 주워 모아 다양한 판단들을 작성하는 것이다. 우리가 사용하는 모든 개념들은 생각의 가위에 의해 오려진 것이라는 점에서 태생적으로 허구적인 것들이다(김성철, 2006, p. 169).

따라서 "아무리 훌륭한 말도 그것이 말인 이상 논리적 모순을 피할 수 없다. 방금 필자가 여기에 쓴 말도 마찬가지다. 여기서 필자는 '아무리 훌륭한 말도 그것이 말인 이상 논리적 모순을 피할 수 없다.'고 썼는데, 이런 말만은 논리적 모순에서 벗어난 것인 양 가장을 하고 있기 때문이다. 이 역시 말이기 때문에 논리적 모순을 피할 수 없어야 할 것이다. 그렇다면 이 말은 틀린 말이 되어야 한다. 어떤 말도 할 수 없다. 다 틀리기 때문이다. 또 지금 여기서 '어떤 말도 할 수 없다.'고 쓰긴 했지만, 이렇게 쓰면서 '어떤 말도 할 수 없다.'는 말만은 할 수 있는 양 위장을 했다. 또 이어서 '다 틀리기 때문이다.' 라고 쓰긴 했지만, 이 말만은 틀리지 않은 말인 양 가장을 했다. 어떤 말도 할 수 없다면서 '어떤 말도 할 수 없다.' 는 바로 그 말을 버젓이 하고 있다. '다 틀리기 때문이다.' 라는 말이 진리이기 위해서는 이 말 역시 틀려야 하지만 틀리지 않은 말인 양 버젓이 하고 있다. 결국 우리는 보편적 진리에 대해 입도 뻥긋하지 못한다. 또 지금 여기서 '우리는 입도 뻥긋하지 못한다.'고 하면서 입을 뻥긋거리고 있다. 자가당착이다. 무슨 결론을 내리려고 해도 자가당착을 피할 수 없다."(김성철, 2006, p. 173) 이런 식의 논리는 끝없이 이어진다.

이 같은 논리적 한계는 언어와 생각의 한계에 기인한 것으로서 '분별'이 가져오는 필수적인 결과다. 그러나 이렇게 문제가 있다고 해서 입을 다물고 언어와 생각을 멈추고 살 수는 없다. 언어와 생각은 우리의 일상생활을 가능케 하는 필수 요소다. 따라서 우리는 언어와 생각 그리고 이들로 짜이는 논리와 판단을 계속 활용할 수밖에 없다. 다만 언어와 생각의 밑바탕에 있는 '분별'이 덩어리로 일어나는 현실을 제대로 반영하지 못한다는 사실 그리고 개별적 실체의 존재를 전제로 한 '분별'은 허구와 내적 모순으로 가득한 것임을 제대로 자각할 필요가 있다.

- 앞에 전개한 글을 따라 청담자에게 논리의 문제를 충분히 이해시키고 난 후 다음 연습을 하도록 한다. 이 연습을 통해 청담자 자신이 평소 사용하는 이해 방식과 논리의 문제점, 특히 현재 청담자를 괴롭히는 증상이나 문제를 찾고 그 증상이나 문제가 지닌 내적 모순을 자각할 수 있게 안내한다. 필요에 따라 연습 문제는 얼마든지 더 보충할 수 있다. 먼저 단순 진술을 가지고 연습한다.

■ 꽃이 핀다
답: 이 진술은 피는 꽃을 핀다고 했으므로 앞에서 지적한 제1구, 즉 의미중복의 오류를 범하고 있다. 반대로 피지 않는 꽃이 핀다고 하면 제2구, 즉 사실에 위배되는 오류를 범한다.

■ 이 막대기는 길다

답: 이 막대기가 긴 것이라고 판단하려면 반드시 짧은 것을 염두에 두어야 하는데, 과거에 본 짧은 것을 염두에 둔 상태에서 본 이 막대기는 이미 긴 것이므로 이것을 긴 것이라고 말하는 것은 제1구, 즉 의미중복의 오류를 저지른다. 반대로 길지 않은 막대기를 길다고 하면 제2구, 즉 사실에 위배되는 오류를 저지른다.

■ '나는 누구인가?' 라는 의문

답: 이 의문은 내가 이미 나라고 인정한 나를 추구해 들어가는 의문이기 때문에 앞에서 지적한 제1구, 즉 의미중복의 오류를 범하고 있다. 반대로 추구되는 나와 추구하는 나가 별개의 개체라면 제2구, 즉 사실에 위배되는 오류를 범한다.

■ '인생은 무엇인가?' 라는 의문

답: 이 의문을 품는 것 역시 인생사에 속하기 때문에 의미중복의 오류를 범한다. 반대로 그런 의문을 품는 것이 인생과 무관한 행위라면 사실에 위배되는 오류를 범한다.

■ 사랑은 눈물의 씨앗

답: 이 말을 하는 사람은 이미 사랑이 눈물의 씨앗임을 체험으로 안다. 따라서 눈물의 씨앗을 간직한 사랑을 눈물의 씨앗이라고 말하는 셈이 되어 의미중복의 오류를 범한다. 반대로 눈물의 씨앗

을 간직하지 않은 사랑이라면 눈물의 씨앗이라는 말이 사실에 위배되는 오류를 범한다.

■ 또 불안할까 봐 걱정된다

답: 불안할까 봐 걱정되는 사람은 이미 불안할까 봐 걱정을 하고 있다. 따라서 불안할까 봐 걱정되는데 또 불안할까 봐 걱정된다고 말하는 것은 의미중복의 오류를 범한다. 반대로 불안할까 봐 걱정되지 않는 사람이 또 불안할까 봐 걱정된다고 하는 것은 사실에 위배되는 오류를 범한다.

앞에서 사구비판은 단순 진술뿐 아니라 모든 언어적 진술에 적용된다고 하였다. 이는 관계를 중시하는 연기적 진술들에도 예외가 없다. 여기서는 관계성을 드러낸 다음 진술들을 예로 들어 사구비판 연습을 하되, 이런 비판이 그야말로 '모든' 문장과 판단에 적용될 수 있음을 확인시킨다.

■ 불은 연료에 의존하여 존재하고, 연료는 불에 의존하여 존재한다

답: '불이 연료에 의존하여 존재한다.'고 할 때 불이 연료에 의존하기 위해서는 의존하기 이전에 불이 미리 존재하고 있어야 한다. 불이라는 주체가 있어야 의존이라는 작용을 할 수가 있기 때문이다. 따라서 불이 존재한다면 존재하는 불은 다시 연료에 의존

할 필요가 없으므로 제1구, 즉 의미중복의 오류를 저지른다. '연료가 불에 의존하여 존재한다.'는 경우도 마찬가지다. 반대로 불이라는 주체가 미리 존재하지 않는다면 아예 의존이라는 작용을 할 수가 없다. 따라서 존재하지 않는 불은 연료에 의존할 수가 없으므로 제2구, 즉 사실에 위배되는 오류를 저지르고 있다.

■ 짧은 것에 의존하여 긴 것이 존재한다

답: '짧은 것에 의존하여 긴 것이 존재한다.'고 할 때 긴 것이 짧은 것에 의존하기 위해서는 의존하기 이전에 미리 긴 것이 존재해야 한다. 긴 것이라는 주체가 있어야 의존이라는 작용을 할 수가 있기 때문이다. 따라서 긴 것이 존재한다면, 존재하는 긴 것은 다시 짧은 것에 의존할 필요가 없으므로 제1구, 즉 의미중복의 오류를 저지른다. 반대로 긴 것이라는 주체가 미리 존재하지 않는다면 아예 의존이라는 작용을 할 수가 없다. 따라서 존재하지 않는 긴 것은 짧은 것에 의존할 수가 없으므로 제2구, 즉 사실에 위배되는 오류를 저지르고 있다.

■ 너는 내가 사는 이유야

답: '너는 내가 사는 이유'라고 말할 때, 내가 사는 이유가 너이기 위해서는 너 이전에 미리 내가 사는 이유가 있어야 한다. 너를 만나기 전부터 내가 사는 이유가 있어야 그 이유의 대상으로 네가 선택될 수 있다. 그런데 내가 사는 이유가 이미 정해져 있다면 이

이유가 너에 의존할 필요가 없다. 내가 사는 이유가 존재한다면 내가 존재하는 이유는 다시 너에 의존할 필요가 없으므로 제1구, 즉 의미중복의 오류를 저지른다. 반대로 내가 사는 이유가 존재하지 않는다면 아예 너는 내가 사는 이유가 될 수 없으므로 제2구, 즉 사실에 위배되는 오류를 저지른다.

■ 그대는 나의 인생

답: '그대는 나의 인생'이라고 말할 때 그대가 나의 인생이기 위해서는 나의 인생이 미리 있어야 한다. 그대를 만나기 전부터 나의 인생이 있어야 그 인생이 매달릴 그대가 선택될 수 있다. 그런데 나의 인생이 이미 있는 것이라면 나의 인생은 그대와 상관없이 존재하는 것이다. 따라서 '그대는 나의 인생'이라는 말은 그대와 상관없이 존재하는 나의 인생은 나의 인생이라는 말이 되어 의미중복의 오류를 저지른다. 반대로 그대에게 매달려 존재하는 나의 인생은 나의 인생이라는 말은 사실에 위배되는 오류를 저지른다.

연습

• 사람들은 나를 싫어한다.

답: _____

_____

_____

• 그가 나를 화나게 한다.

답: _____

_____

_____

• 최근 청담자를 고민하게 하는 사건을 문장으로 작성하게 하고 사구부정에 따라 이것의 논리적 문제를 드러낸다. 가능하면 모든 고민을 다 다루면 좋을 것이다.

사구부정의 의미는 우리가 사용하는 논리, 판단, 이해 방식의 잘못을 잘못으로 드러내는 데 있다. '불이 연료에 의존하여 존재한다.'는 점이 논리적 오류를 범하고 있다는 지적을 하는 이유는 불과 연료가 상호 의존해서 발생함을 부정하기 위해서가 아니다. 다만 오류가 있는 판단을 하여 바르게 생각하는 데 장애가 생기는 것을 막기 위함이다. 잘못된 개념과 논리로 가득한 잘못된 생각이 결국은 사람을 '고통'에 빠지게 하는 주범이기 때문이다.

4. 생각 상담

언어상담과 논리상담에서 언어를 바탕으로 형성되는 모든 개념 그리고 우리의 생각 속에서 진행되는 모든 논리와 판단은 한결같이 문제가 있음을 지적하였다. 그 이유가 모든 것이 뭉텅이로 뒤얽혀 작용하는 현상을 언어의 가위질로 오려내어 실체화하는 데서 비롯되는 것임도 지적하였다. 사람들이 호소하는 아픔과 고통의 상당 부분도 언어를 바탕으로 전개되는 잘못된 생각에 뿌리를 두고 있다. 따라서 잘못 사용하는 언어, 잘못 사용하는 생각에 대한 교정은 매우 중요하다. 이런 언어와 생각을 자각함으로써 쓸데없는 아픔과 고통에서 벗어날 수 있기 때문이다. 이런 이유로 앞절에서 언어와 논리 문제를 상당히 길게 다루었다.

이 절에서는 '생각'에 초점을 두어 바르게 생각하는 법에 대해 다룰 것이다. 언어와 논리의 문제를 넘어서 구체적으로 모습을 드러내는 '생각'의 과정과 내용을 파헤치며 바르게 생각하는 법을 안내할 것이다.

1) 생각 바꾸기: 생각 순화하기

생각 순화하기는 현재 진행되고 있는 생각을 순화시켜서 부드럽고 유연하게 만드는 전략이다. 앞에서 생각은 생 · 주 · 이 · 멸과 삼세육추의 과정을 거쳐 확산된다고 하였다. 이렇게 생각이 확산되는 과정을 따라가면서 생각이 지나치게 한쪽 방향으로 치우치지 않도록 조절해 가는 전략이 생각 순화하기다. 생각을 바꾸되 생각의 과정이 아닌 내용을 바꾸는 전략이라고 말할 수 있다.

① 생·주·이·멸의 과정을 따라 생각 순화하기

첫째, 청담자에게 자기 생각을 들여다보며 그것이 생·주·이·멸의 과정으로 진행된다는 점을 확실하게 자각하게 한다. 이를 위하여 청담자에게 자기 생각을 글로 써 보게 하고 이를 생·주·이·멸의 네 단계에 맞춰 구분하도록 한다. 예를 들면 다음과 같다.

> 아침 식사 준비를 해야 할 아내가 잠자리에서 뭉개고 있는 걸 본 남편이 '저 사람이 밥상 차릴 생각을 안 하네(생상). 어디 또 심사가 뒤틀린 게 확실하군(주상). 이제 날 완전히 무시한다는 뜻이지?(이상) 야! 내가 그렇게 우습게 보여? 밥도 안 주고?(멸상)' 라고 생각한다.

둘째, 각 단계에서 펼쳐지는 생각을 보다 유연하고 부드러운 내용으로 바꾼다. 예를 들면 다음과 같다.

> 생 단계: 저 사람이 밥상 차릴 생각을 안 하네. → 저 사람이 밥상을 차리지 않네.
> 주 단계: 어디 심사가 뒤틀린 게 확실하군. → 어디 불편한 데가 있나?

이 단계: 이제 날 완전히 무시한다는 뜻이지? → 무슨 문제가 있나 보다.

몔 단계: 야! 내가 그렇게 우습게 보여? 밥도 안 주고? → 여보, 당신 어디 아파?

셋째, 다른 상황으로 옮겨 가며 이 작업을 반복한다.

② 육추의 과정을 따라 생각 순화하기

첫째, 청담자에게 자기 생각을 들여다보며 그것이 '지상 → 상속상 → 집취상 → 계명자상 → 기업상 → 업계고상'의 육추의 과정으로 진행된다는 점을 확실하게 자각하게 한다. 이를 위하여 청담자에게 자기 생각을 글로 써 보게 하고 이를 육추의 여섯 단계에 맞춰 구분하도록 한다. 아침 식사 준비를 하지 않는 아내를 바라보며 남편의 머리에서 전개되는 생각을 예로 들어 보면 다음과 같다.

남편이 아침 식사를 준비해야 할 아내가 잠자리에서 뭉개고 있는 걸 본다. 이때 남편은 아내의 뭉개는 행동을 자기 책임을 다하지 않은 '좋지 않은' 행동이라고 평가한다. 이 시간이면 아내는 일어나 밥을 지어야 한다는 자기 나름의 명확한 기준을 세워 놓았기 때문이다(지상). 처음에는 얼핏 스쳐 가던 이 생각이 아내가 침대에서 뭉개는 시간이 길어지면서 점점 더 뚜렷해지고, 자기 책임을 다하지 않는 아내에 대해 여러 가지 관련되는 사건들을 떠올리면서 '좋지 않은' 느낌과 생각들을 증폭시켜 간다(상속상). 그러고 보니 아내는 남편인 자기에게 필요한 일을 잘 해 주지 않는 것 같고 일부러 남편인 자기의 마음에 들지 않는 행동을 종종 하는 것 같다. 이렇게 생각할수록 마음이 불편해지면서 화가 치민다(집취상). 아내의 저런 행동은 남편인 자기를 '무시'하는 행동으로서 '건방지기 짝이 없는' 못된 행동이다. 돌이켜 보니 아내가 남편인 자기를 무시하고 건방지게 행동한 사건들이 하나둘이 아니다. 이따금씩 시부모님을 홀대하던 것도, 아이들 앞에서 자기에게 면박을 주던 것도 다 자기를 무시하여 벌어진 시건방진 행동들이다(계명자상). '나를 그렇게 무시해서는 곤란하지. 이 기회에 혼을 내서 다시는 시건방진 행동을 하지 못하게 해야지.'라고 생각하던 남편은 "어이! 이 시간에 뭐하는 거야! 남편이 그렇게 우습게 보여? 도대체 당신 뭐하는 사람이야! 이젠 남편 밥도 해 주기 싫다는 말이지!"하고 소리를 지른다(기업상). 깜짝 놀란 아내는 이내 화난 목소리로 대꾸를 한다. "아니 몸이 안 좋아서 잠시 누워 있는데 위로는커녕 왜 소리를 지르고 난리예요?" "뭐라고? 소리를 지르고 난리라고? 여편네가 남편한테 하는 말 좀 보소. 당신 나 무시하는 거 확실하네!" 이렇게 부부싸움이 이어지면서 갈등의 골이 깊어지고 남편의 마음은 지옥이 따로 없다(업계고상).

둘째, 각 단계에서 펼쳐지는 생각을 보다 유연하고 부드러운 내용으로 바꾼다.

지상 단계: 저 사람이 밥상 차릴 생각을 안 하네. → 저 사람이 밥상을 차리지 않네.

상속상 단계: 어디 심사가 뒤틀린 게 확실하군. → 어디 불편한 데가 있나?

집취상 단계: 나한테 시위를 해 보겠다 이거지! → 나한테 무슨 할 말이 있나?

계명자상 단계: 나를 무시해? 건방지기 짝이 없군! → 그래, 요즘 뭔가 허전한 표정을 자주 짓곤 했어.

기업상 단계: 어이! 이 시간에 뭐하는 거야! 남편이 그렇게 우습게 보여? 도대체 당신 뭐하는 사람이야! 이젠 남편 밥도 해 주기 싫다는 말이지! → 여보, 밥할 시간에 그렇게 누워만 있으니 많이 걱정되는데…… 무슨 문제가 있는 거야?

업계고상 단계: 서로에게 상처를 주는 말이 이어지며 갈등이 깊어진다. → 남편의 부드러운 반응에 아내도 부드럽게 응수한다.

셋째, 다른 상황으로 옮겨 가며 이 작업을 반복한다.

2) 생각 바꾸기: 긍정적인 생각으로 바꾸기

생각은 그 내용이 긍정적인 것이건 부정적인 것이건 모두 참마음을 가로막는 구름이다. 그러나 태양을 가로막는 구름에도 시커먼 먹구름이 있는가 하면 사이사이 태양빛을 보여 주는 아름다운 뭉게구름도 있다. 긍정적인 생각도 구름은 구름이지만 뭉게구름과에 속한다고 말할 수 있다. 따라서 부정적인 생각을 긍정적인 생각으로 바꾸는 일은 한 걸음 더 전진하는 것이라고 말할 수 있다.

긍정적인 생각으로 바꾸기는 현재 진행되고 있는 생각을 긍정적인 방향으로 확 꺾어 버리는 전략이다. 앞에서 생각은 생·주·이·멸과 삼세육추의 과정을 거쳐 확산된다고 하였다. 이렇게 생각이 확산되는 과정을 따라가면서 생각을 좋은 방향으로 굴절시키는 전략이 긍정적인 생각으로 바꾸기다. 이 역시 생각을 바꾸되 생각의 과정이 아닌 내용을 바꾸는 전략이다. 무애상담에서 소개하는 전략들이 생각을 덜어내는 데에 초점을 둔 반면 이 전략은 생각을 더 하게 한다는 점에서 차이가 있다.

① 생·주·이·멸의 과정을 따라 긍정적인 생각으로 바꾸기

첫째, 청담자에게 자기 생각을 들여다보며 그것이 생·주·이·멸의 과정으로 진행된다는 점을 확실하게 자각하게 한다. 이를 위하여 청담자에게 자기 생각을 글로 써 보게 하고 이를 생·주·이·멸의 네 단계에 맞춰 구분하도록 한다. 예를 들면 다음과 같다.

아침 식사 준비를 해야 할 아내가 잠자리에서 뭉개고 있는 걸 본 남편이 '저 사람이 밥상 차릴 생각을 안 하네(생상). 어디 또 심사가 뒤틀린 게 확실하군(주상). 이제 날 완전히 무시한다는 뜻이지?(이상) 야! 내

가 그렇게 우습게 보여? 밥도 안 주고?(멸상)' 라고 생각한다.

둘째, 각 단계에서 펼쳐지는 생각을 긍정적인 생각으로 바꾼다.

생 단계: 저 사람이 밥상 차릴 생각을 안 하네. → 저 사람이 밥상을 차리지 않네.
주 단계: 어디 심사가 뒤틀린 게 확실하군. → 뭔가 창의적인 고민을 하는 모양일세.
이 단계: 이제 날 완전히 무시한다는 뜻이지? → 독창적인 고민일수록 시간이 많이 걸리지.
멸 단계: 야! 내가 그렇게 우습게 보여? 밥도 안 주고? → 여보, 뭐 좋은 생각 해냈나?

셋째, 다른 상황으로 옮겨 가며 이 작업을 반복한다.

② 육추의 과정을 따라 긍정적인 생각으로 바꾸기
첫째, 청담자에게 자기 생각을 들여다보며 그것이 '지상 → 상속상 → 집취상 → 계명자상 → 기업상 → 업계고상'의 육추의 과정으로 진행된다는 점을 확실하게 자각하게 한다. 이를 위하여 청담자에게 자기 생각을 글로 써 보게 하고 이를 육추의 여섯 단계에 맞춰 구분하도록 한다. 아침 식사 준비를 하지 않는 아내를 바라보며 남편의 머리에서 전개되는 생각을 예로 들어 보면 다음과 같다.

남편이 아침 식사를 준비해야 할 아내가 잠자리에서 뭉개고 있는 걸 본다. 이때 남편은 아내의 뭉개는 행동을 자기 책임을 다하지 않은 '좋지 않은' 행동이라고 평가한다. 이 시간이면 아내는 일어나 밥을 지어야 한다는 자기 나름의 명확한 기준을 세워 놓았기 때문이다(지상). 처음에는 얼핏 스쳐 가던 이 생각이 아내가 침대에서 뭉개는 시간이 길어지면서 점점 더 뚜렷해지고, 자기 책임을 다하지 않는 아내에 대해 여러 가지 관련되는 사건들을 떠올리면서 '좋지 않은' 느낌과 생각들을 증폭시켜 간다(상속상). 그러고 보니 아내는 남편인 자기에게 필요한 일을 잘 해 주지 않는 것 같고 일부러 남편인 자기의 마음에 들지 않는 행동을 종종 하는 것 같다. 이렇게 생각할수록 마음이 불편해지면서 화가 치민다(집취상). 아내의 저런 행동은 남편인 자기를 '무시'하는 행동으로서 '건방지기 짝이 없는' 못된 행동이다. 돌이켜 보니 아내가 남편인 자기를 무시하고 건방지게 행동한 사건들이 하나둘이 아니다. 이따금씩 시부모님을 홀대하던 것도, 아이들 앞에서 자기에게 면박을 주던 것들도 다 자기를 무시하여 벌어진 시건방진 행동들이다(계명자상). '나를 그렇게 무시해서는 곤란하지. 이 기회에 혼을 내서 다시는 시건방진 행동을 하지 못하게 해야지.'라고 생각하던 남편은 "어이! 이 시간에 뭐하는 거야! 남편이 그렇게 우습게 보여? 도대체 당신 뭐하는 사람이야! 이젠 남편 밥도 해 주기 싫다는 말이지!" 하고 소리를 지른다(기업상). 깜짝 놀란 아내는 이내 화난 목소리로 대꾸를 한다. "아니 몸이 안 좋아서 잠시 누워 있는데 위로는커녕 왜 소리를 지르고 난리예요?" "뭐라고? 소리를 지르고 난리라고? 여편네가 남편한테 하는 말 좀 보소. 당신 나 무시하는 거 확실하네!" 이렇게 부부싸움이 이어지면서 갈등의 골이 깊어지고 남편의 마음은 지옥이 따로 없다(업계고상).

둘째, 각 단계에서 펼쳐지는 생각을 보다 유연하고 부드러운 내용으로 바꾼다.

지상 단계: 저 사람이 밥상 차릴 생각을 안 하네. → 저 사람이 밥상을 차리지 않네.

상속상 단계: 어디 심사가 뒤틀린 게 확실하군. → 뭔가 창의적인 고민을 하는 모양일세.

집취상 단계: 나한테 시위를 해 보겠다 이거지! → 독창적인 고민일수록 시간이 많이 걸리지.

계명자상 단계: 나를 무시해? 건방지기 짝이 없군! → 저렇게 깊이 생각하다 박사(그 분야의 전문가)가 될지도 몰라.

기업상 단계: 어이! 이 시간에 뭐하는 거야! 남편이 그렇게 우습게 보여? 도대체 당신 뭐하는 사람이야! 이젠 남편 밥도 해 주기 싫다는 말이지! → 여보, 금강산도 식후경이라고 하니 박사(전문가)가 되더라도 밥은 먹고 고민합시다.

업계고상 단계: 서로에게 상처를 주는 말이 이어지며 갈등이 깊어진다. → 남편의 긍정적인 반응에 아내도 밝게 응수한다.

셋째, 다른 상황으로 옮겨 가며 이 작업을 반복한다.

3) 생각 거두기

생각 거두기는 생각이 전개되는 과정을 거꾸로 따라가면서 각 단계에서 생각을 거두어들이는 전략이다. 이를테면 생 · 주 · 이 · 멸로 전개되는 생각을 멸 · 이 · 주 · 생의 순으로 거두어들이는 것이다. 생각은 처음에 작고 미약하게 시작하지만 단계를 거치며 확산됨에 따라 점점 더 크고 강한 모습으로 나타난다. 따라서 생각을 거두어들이려 할 때 뚜렷하게 드러나는 최종적인 생각부터 차례로 거두어들이는 것이 효과적이다.

① 멸 · 이 · 주 · 생의 과정을 따라 생각 거두어들이기

첫째, 청담자에게 자기 생각을 들여다보며 그것이 생 · 주 · 이 · 멸의 과정으로 진행된다는 점을 확실하게 자각하게 한다. 이를 위하여 청담자에게 자기 생각을 글로 써 보게 하고 이를 생 · 주 · 이 · 멸의 네 단계에 맞춰 구분하도록 한다. 예를 들면 다음과 같다.

아침 식사 준비를 해야 할 아내가 잠자리에서 뭉개고 있는 걸 본 남편이 '저 사람이 밥상 차릴 생각을 안 하네(생상). 어디 또 심사가 뒤틀린 게 확실하군(주상). 이제 날 완전히 무시한다는 뜻이지?(이상) 야! 내

가 그렇게 우습게 보여? 밥도 안 주고?(멸상)'라고 생각한다.

둘째, 앞의 네 단계를 거꾸로 배열하게 한다.

> 멸 단계: 야! 내가 그렇게 우습게 보여? 밥도 안 주고?
> 이 단계: 이제 날 완전히 무시한다는 뜻이지?
> 주 단계: 어디 또 심사가 뒤틀린 게 확실하군.
> 생 단계: 저 사람이 밥상 차릴 생각을 안 하네.

셋째, 멸 단계부터 생 단계까지 차례로 생각을 거두어들인다.

■ 멸 단계의 생각을 거두어들인다

폭력적인 언사를 사용하여 아내에게도 상처를 입히고 자신도 상처를 입는 것은 원래 자신이 의도한 바가 아니라 후회가 막심하다. 이런 결과는 순전히 잘못된 생각을 증폭시켜 온 데에 기인한 것이지만, 아무리 그렇다고 하더라도 아내에게 폭력적인 언사를 사용한 자신의 행위는 전혀 옳지 않다. 이렇게 자기 행동의 문제에 대해 충분히 자각하고 반성한다. 시간이 지나 다시 상황이 전개되면서 폭력적인 언사가 튀어나오려는 순간, 폭력적 언사를 쏟아내려는 자신의 생각을 '알아차리고', 거기에 잠시 '머물러' 그 생각을 관찰한 다음, 그 생각을 '거두어들인다.' 폭력적인 언사가 튀어나오려는 상황이 일어날 때마다 알아차림, 머물러 관찰함, 거두어들임을 반복적으로 적용한다.

■ 이 단계의 생각을 거두어들인다

이 단계는 원래 시작되었던 생각이 방향을 바꿔 급격하게 악화되는 과정을 뜻한다. 아내의 심사가 뒤틀렸다는 생각이 갑자기 방향을 틀어 아내가 자기를 무시한다는 망상으로 확산된 것이다. 이렇게 생각이 크게 휘어지는 지점을 알아차리고, 거기에 잠시 머물러 관찰한 다음, 그 생각을 거두어들인다. 생각이 휘어지는 상황이 일어날 때마다 알아차림, 머물러 관찰함, 거두어들임을 반복적으로 적용한다.

■ 주 단계의 생각을 거두어들인다

이 단계는 얼핏 지나가는 생각을 붙들어 고정시킴으로써 사실 왜곡이 본격적으로 시작되는 과정이다. 아내가 잠자리에 머물러 있는 행동을 보고 아내의 심사가 뒤틀렸다고 아무런 근거 없이 자기 마음대로 해석하면서 생각을 거기에 고정시킨 것이다. 이렇게 주관적인 해석이 일어나고 근거 없는 사실 왜곡이 시작되는 지점을 알아차리고, 거기에 잠시 머물러 관찰한 다음, 그 생각을 거두어들인다. 사실 왜곡이 시작되는 상황이 시작될 때마다 알아차림, 머물러 관찰함, 거두어들임을 반복적으로 적용한다.

■ 생 단계의 생각을 거두어들인다

이 단계는 어떤 사태를 마주 대하면서 얼핏 생각이 지나가는 단계로, 그동안 살아오면서 자기 안에 형성된 선입견, 판단 기준 등이 무의식적으로 작용하는 지각 과정이다. 따라서 이 단계를 거두어들이는 일은 매우 어렵다. 불교에서도 생 단계의 생각을 거두어들이면 궁극적인 깨달음이라는 구경각에 도달한다고 표현한다. 어쨌든 어떤 사태를 대할 때 처음 일어나는 생각은 생각하는 자와 생각되는 대상이 분리되는 데서 시작되는데, 이 지점을 알아차리면 거기에 잠시 머물러 관찰한 다음 그 생각을 거두어들인다. 아내가 잠자리에 누워 있는 사태를 '아내가 잠자리에 누워 있다.'고 보는 대신 '저 사람이 (내가 바라는 바와 다르게) 밥상 차릴 생각을 안 하네.'라고 생각하는 지점이 바로 생이 일어나는 지점이다. 이렇게 자신과 대상을 구분하는 이 지점을 알아차리고, 거기에 잠시 머물러 관찰한 다음, 그 생각을 거두어들인다. 자신과 대상을 구별하는 상황이 일어날 때마다 알아차림, 머물러 관찰함, 거두어들임을 반복적으로 적용한다.

② 육추의 과정을 거슬러 올라가며 생각 거두어들이기

첫째, 청담자에게 자기 생각을 들여다보며 그것이 지상 → 상속상 → 집취상 → 계명자상 → 기업상 → 업계고상의 육추의 과정으로 진행된다는 점을 확실하게 자각하게 한다. 이를 위하여 청담자에게 자기 생각을 글로 써 보게 하고 이를 육추의 여섯 단계에 맞춰 구분하도록 한다. 아침 식사 준비를 하지 않는 아내를 바라보며 남편의 머리에서 전개되는 생각을 예로 들어 보면 다음과 같다.

남편이 아침 식사를 준비해야 할 아내가 잠자리에서 뭉개고 있는 걸 본다. 이때 남편은 아내의 뭉개는 행동을 자기 책임을 다하지 않은 '좋지 않은' 행동이라고 평가한다. 이 시간이면 아내는 일어나 밥을 지어야 한다는 자기 나름의 명확한 기준을 세워 놓았기 때문이다(지상). 처음에는 얼핏 스쳐 가던 이 생각이 아내가 침대에서 뭉개는 시간이 길어지면서 점점 더 뚜렷해지고, 자기 책임을 다하지 않는 아내에 대해 여러 가지 관련되는 사건들을 떠올리면서 '좋지 않은' 느낌과 생각들을 증폭시켜 간다(상속상). 그러고 보니 아내는 남편인 자기에게 필요한 일을 잘 해 주지 않는 것 같고 일부러 남편인 자기의 마음에 들지 않는 행동을 종종 하는 것 같다. 이렇게 생각할수록 마음이 불편해지면서 화가 치민다(집취상). 아내의 저런 행동은 남편인 자기를 '무시'하는 행동으로서 '건방지기 짝이 없는' 못된 행동이다. 돌이켜 보니 아내가 남편인 자기를 무시하고 건방지게 행동한 사건들이 하나둘이 아니다. 이따금씩 시부모님을 홀대하던 것도, 아이들 앞에서 자기에게 면박을 주던 것도 다 자기를 무시하여 벌어진 시건방진 행동들이다(계명자상). '나를 그렇게 무시해서는 곤란하지. 이 기회에 혼을 내서 다시는 시건방진 행동을 하지 못하게 해야지.'라고 생각하던 남편은 "어이! 이 시간에 뭐하는 거야! 남편이 그렇게 우습게 보여?

도대체 당신 뭐하는 사람이야! 이젠 남편 밥도 해 주기 싫다는 말이지!" 하고 소리를 지른다(기업상). 깜짝 놀란 아내는 이내 화난 목소리로 대꾸를 한다. "아니 몸이 안 좋아서 잠시 누워 있는데 위로는커녕 왜 소리를 지르고 난리예요?" "뭐라고? 소리를 지르고 난리라고? 여편네가 남편한테 하는 말 좀 보소. 당신 나 무시하는 거 확실하네!" 이렇게 부부싸움이 이어지면서 갈등의 골이 깊어지고 남편의 마음은 지옥이 따로 없다(업계고상).

둘째, 앞의 여섯 단계를 거꾸로 배열하게 한다.

업계고상 단계: 서로에게 상처를 주는 말이 이어지며 갈등이 깊어진다.

기업상 단계: 어이! 이 시간에 뭐하는 거야! 남편이 그렇게 우습게 보여? 도대체 당신 뭐하는 사람이야! 이젠 남편 밥도 해 주기 싫다는 말이지!

계명자상 단계: 나를 무시해? 건방지기 짝이 없군!

집취상 단계: 나한테 시위를 해 보겠다 이거지!

상속상 단계: 어디 심사가 뒤틀린 게 확실하군.

지상 단계: 저 사람이 밥상 차릴 생각을 안 하네.

셋째, 업계고상부터 지상 단계까지 차례로 생각을 거두어들인다.

■ 업계고상 단계의 생각을 거두어들인다

아내와 공방전을 벌이며 서로 상처내기에 혈안이 되어 있는 상태에서 전개되는 생각들을 알아차린다. 이 생각들을 알아차리는 순간 즉시 입을 다물고 그 생각에 머물러 관찰한 다음, 생각을 거두어들인다.

■ 기업고상 단계의 생각을 거두어들인다

이 단계는 생·주·이·멸 과정의 멸에 해당하는 것으로서 앞선 생각들이 결국 행동으로 마무리되는 과정이다. 따라서 생각이 행동으로 옮겨지는 지점을 알아차리고, 거기에 머물러 관찰한 다음, 그 생각을 거두어들인다. 폭력적인 언사가 튀어나오려는 상황이 일어날 때마다 알아차림, 머물러 관찰함, 거두어들임을 반복적으로 적용한다.

■ 계명자상 단계의 생각을 거두어들인다

이 단계는 생·주·이·멸 과정의 이에 해당하는 것으로 자신이 집착하는 생각에 구체적인 이름을 붙임으로써 자신의 집착을 정당화하고 동시에 그 이름을 따라 터무니없는 반응을 일으킨다. 일단 생각에 '무시' '건방지다'라는 용어가 동원되면 남편은 그에 걸맞는 대응을 하게 된다. 따라서 생각에서 이런 용어가 동원되는 순간 이를 알아차리고, 거기에 머물러 관찰한 다음, 그 용어로 구성된 생각을 거두어들인다. 생각에 새로운 용어가 더해질 때마다 이를 알아차림, 머물러 관찰함, 거두어들임을 반복적으로 적용한다.

■ **집취상 단계의 생각을 거두어들인다**

이 단계는 생 · 주 · 이 · 멸 과정의 이에 해당하는 것으로서, 처음 생각이 크게 휘어져 방향이 바뀌는 과정이다. '아내의 심사가 뒤틀렸다.'는 생각이 갑자기 '나에게 시위를 한다.'는 생각으로 급선회한 것이다. 이렇게 생각이 크게 휘어지는 지점을 알아차리고, 거기에 잠시 머물러 관찰한 다음, 그 생각을 거두어들인다. 생각이 휘어지는 상황이 일어날 때마다 알아차림, 머물러 관찰함, 거두어들임을 반복적으로 적용한다.

■ **상속상 단계의 생각을 거두어들인다**

이 단계는 생 · 주 · 이 · 멸 과정의 주에 해당하는 것으로, 얼핏 지나가는 생각을 붙들어 고정시키고 거기에 집착함으로써 사실 왜곡이 본격적으로 시작되는 과정이다. 아내가 잠자리에 머물러 있는 행동을 보고 아내의 심사가 뒤틀렸다고 아무런 근거 없이 자기 마음대로 해석하면서 그 생각에 집착하는 것이다. 이렇게 주관적인 해석이 일어나고 집착이 시작되는 지점을 알아차리며, 거기에 잠시 머물러 관찰한 다음, 그 생각을 거두어들인다. 사실 왜곡이 시작되는 상황이 시작될 때마다 알아차림, 머물러 관찰함, 거두어들임을 반복적으로 적용한다.

■ 지상 단계의 생각을 거두어들인다

이 단계는 생·주·이·멸 과정의 생에 해당하는 것으로 어떤 사태를 마주 대하면서 얼핏 생각이 지나가는 과정이다. 이렇게 얼핏 지나가는 생각은 그동안 살아오면서 자기 안에 형성된 선입견, 판단 기준 등이 무의식적으로 작용하는 지각 과정이기도 하다. 따라서 이 생각을 거두어들이는 일은 익숙한 지각 과정을 멈추는 일이기 때문에 매우 어렵다. 어쨌든 어떤 사태를 대할 때 처음 일어나는 생각은 생각하는 자와 생각되는 대상이 분리되는 데서 시작되는데, 이 지점을 알아차리면 거기에 잠시 머물러 관찰한 다음 그 생각을 거두어들인다. 아내가 잠자리에 누워 있는 사태를 '아내가 잠자리에 누워 있다.'고 그냥 있는 대로 보는 대신 '저 사람이 (내가 바라는 바와 다르게) 밥상 차릴 생각을 안 하네.'라고 생각하는 지점이 바로 생이 일어나는 지점이다. 이렇게 자신과 대상을 구분하는 이 지점을 알아차리고, 거기에 잠시 머물러 관찰한 다음, 그 생각을 거두어들인다. 자신과 대상을 구별하는 상황이 일어날 때마다 알아차림, 머물러 관찰함, 거두어들임을 반복적으로 적용한다.

4) 생각 멈추기

원효는 지(止) 수행의 방법으로 『대승기신론』에서 제시한 아홉 가지 멈춤을 단계별로 자세히 설명하고 있는데, 이 아홉 가지 멈춤은 모두 생각과 관련되어 있다. 마음에서 일어나는 생각을 단계별로 다스려 나가다가 최종적으로 생각이 멈추는 데까지 도달하는 것이다. 원래 이 수행법은 선 수행의 방법으로 제시되었지만 굳이 선 수행법으로 제한할 필요는 없다. 생각에 대해서 생각할 수 있는 상황이면 언제 어디서든 연습이 가능할 것이다. 불교의 깨달음과 거리가 먼 필자는 오류를 각오하고 일반인의 입장에서 원효가 설명한 아홉 단계를 이해와 실행이 가능한 방식으로 풀어 보았다. 먼저 각 단계에 대한 원효의 설명을 소개한 후 단계별로 생각에 대한 연습을 제시하고자 한다.

이 절부터는 '청담자' 라는 용어를 사용하지 않기로 한다. 청담자에게 안내하기 어려운 불분명한 부분도 있고, 굳이 청담자를 명시하지 않아도 상담자가 청담자와 상담할 때 무엇을 어떻게 해야 하는지 내용이 분명하다고 판단해서다.

① 내주 단계
- 원효의 설명: 내주는 마음을 외적 대상에 따라 움직이게 하지 않고 안으로 모아 머물게 하는 것이다. 안으로 밝히는 수행으로서 바깥 대상을 향한 생각(想, 상)을 없애는 단계다.
- 생각 연습의 초점: 생각은 그대로 내버려 두면 마치 미친 말처럼 이리저리 날뛰기 마련이다. 따라서 생각이 마구 날뛰지 못하게 하나의 지점으로 모아 놓는다.
- 생각 연습의 실제: 생각의 주제를 하나 정해 놓는다. 그리고

생각이 이 주제에서 벗어나는 것을 알아차릴 때마다 정해 놓은 주제로 생각을 돌이킨다. 선에서 말하는 화두와 유사하다.

- 예: 오늘 생각의 주제를 '사랑은 눈물의 씨앗'이라고 정해 놓는다. 그리고 생각 속에 오직 이 한 주제만 박아 놓는다. 순간순간 정신이 다른 데 팔려가더라도 실망하지 말고 다시 '사랑은 눈물의 씨앗'이라는 주제로 생각을 돌이킨다.

② 등주 단계

- 원효의 설명: 등주는 미세한 생각(想, 상)까지 모두 제거하여 없애는 것이다. 바깥 대상에 대한 거친 생각(상)이 제거되었어도 아직도 미세한 생각(상)들이 남아 있다. 이를 제거하기 위해 거친 생각(상)을 미세하게 하여 생각(念, 염)을 따라 일어나는 미세한 생각(상)들을 다시 제거한다.

- 생각 연습의 초점: 대체로 정해 놓은 주제로 생각이 모이기는 하지만 아직도 미세하게 바깥으로 달려 나가는 생각들이 일어난다. 좀 더 정밀하게 이런 생각들을 제거한다.

- 생각 연습의 실제: 정해 놓은 주제 바깥으로 달려 나가려는 미세한 생각들을 계속해서 정해 놓은 주제로 수렴시킨다.

- 예: '사랑은 눈물의 씨앗'을 벗어나는 작은 생각들을 알아차리도록 하고 이를 알아차리는 순간 다시 '사랑은 눈물의 씨앗'이라는 주제로 돌아간다.

③ 안주 단계

• 원효의 설명: 안주는 제거한다는 생각(상)마저 버리는 것이다. 밖으로 치달리는 생각(상)을 모두 없앴으나 안으로 없앤다는 생각(상)이 남아 있으면 밖으로 치달리는 생각(상)이 다시 일어나게 된다. 따라서 없앤다는 생각(상)마저 제거하여 안에 두지 않음으로써 밖을 잊을 수 있고 밖을 잊으므로 마음이 고요하고 평안해질 수 있다.

• 생각 연습의 초점: 주제로 정해 놓은 생각을 벗어난 생각이 들어오면 '제거해야 한다.'는 생각 자체를 내려놓는다. '제거해야 한다.'는 생각을 마음에 두고 있으면 바로 이 생각 때문에 바깥 생각들이 들어오게 된다. 따라서 이제는 제거한다는 생각조차 내려놓는다.

• 생각 연습의 실제: 생각을 '제거해야 한다.'는 생각을 내려놓는다. 주제로 정해 놓은 생각 이외의 다른 생각들이 일어나면 이를 방아쇠로 삼아 곧바로 주제로 정해 놓은 생각을 떠올린다.

• 예: 주제로 정한 '사랑은 눈물의 씨앗' 이외에 어떤 다른 생각이 들어오나 살피지 말고 그냥 '사랑은 눈물의 씨앗'이라는 주제만 생각에 떠올린다.

④ 근주 단계

• 원효의 설명: 안팎의 일체의 모든 대상이 본래 생각(상)할 수

있는 것도 없고 생각할 만한 것(상)도 없는 것(환각)임을 분명하게 알기 때문에, 그를 일으키는 생각(염) 역시 나지도 않고 멸하지도 않음을 잘 안다. 이런 사실을 바탕으로 자주 뜻을 일으켜 생각(염)을 멀리 떠나보내지 않기 때문에 마음이 가깝게 머문다.

• 생각 연습의 초점: 이런저런 생각이 흘러가도 그것을 모두 환각이라고 여겨 주시하지 않고 흘려보낸다. 그리하여 마음을 가리는 생각의 힘을 약화시킨다.

• 생각 연습의 실제: 생각들이 들어오면 들어오는 대로, 나가면 나가는 대로 그냥 놔둔다. 다만 주제로 정해 놓은 생각은 자주 불러들여 마음 가까이 머물게 한다.

• 예: '사랑은 눈물의 씨앗' 이라는 생각 이외에 다른 생각들은 모두 환각으로 여겨 들어오면 들어오는 대로, 나가면 나가는 대로 그냥 놔둔다. 단, 사랑하는 애완견처럼 '사랑은 눈물의 씨앗' 이라는 생각을 가까이 두고 되새긴다.

⑤ 조순 단계

• 원효의 설명: 마음을 따라 바깥의 대상들을 생각(염)하지 않는 것이 조순이다. 바깥의 대상들을 생각(염)하면 마음이 산란해지므로 안주와 근주를 열심히 닦아 밖의 대상에 허물이 있음을 깊이 알아야 한다. 이렇게 하면 밖의 대상이 곧 허물을 일으키는 생각(상)이라고 여기게 되는데, 이 생각(상)의 힘에 의

하여 마음을 안으로 모아서 밖으로 흩어지지 않게 하는 것이 조순이다.

- 생각 연습의 초점: 마음 밖에 있는 대상들은 알고 보면 나의 생각이 일으킨 환각이다. 원래 마음은 나와 대상을 나누지 않고 하나로 본다. 그런데도 대상을 자꾸 생각하는 것은 나와 대상을 억지로 나누려는 생각의 장난이다. 따라서 생각이 일으키는 환각을 환각으로 제대로 알아 거기에 마음을 빼앗기지 않는다.
- 생각 연습의 실제: 생각에 떠오르는 모든 대상을 환각으로 대하여 상대하지 않는다. 앞의 안주와 근주 과정을 더 깊이 진행하여 생각들을 그냥 흘려보낸다. 여기서 그동안 다른 생각들을 수렴하기 위해 정해 놓은 생각의 주제도 내려놓는다.
- 예: 생각 속에 나타나는 대상들이 좋은 느낌을 주든 싫은 느낌을 주든 상관없이 상대하지 말고 빠르게 떨쳐낸다. '사랑은 눈물의 씨앗' 이라는 생각도 내려놓는다.

앞의 단계들도 그렇지만 특히 여섯째 단계인 적정 단계부터는 상당히 높은 수준의 선정이 진행되는 수준으로서 필자가 그 경지를 알지 못하는 세계다. 필자의 체험이 부족할 뿐 아니라 언어적 이해가 어려운 '깊은' 영역에 속한다고 판단되기 때문이다. 따라서 필자가 왈가왈부하는 것 자체가 문제가 있다. 그럼에도 그냥 두고 넘어가기에는 아쉬움이 남아서 상상력을 동원해 본다.

⑥ 적정 단계

• **원효의 설명**: 적정은 마음으로 마음을 없애는 것이다. 모든 분별하는 생각(상)으로 마음이 움직이다가 앞의 조순에 의하여 그 허물을 더욱 분명하게 깨달아 바깥 대상을 허물투성이의 생각(상)이라고 여기게 되는데, 이러한 생각(상)의 힘에 의하여 움직이는 마음이 점차 없어져서 마음이 일어나지 않게 된다.

• **생각 연습의 초점**: 생각하는 자인 '나'와 생각되는 대상을 '분별'하는 과정 자체가 생각에서 일어나는 환각임을 알아서 '나'도 '대상'도 주시하지 않고 그냥 내버려 둔다. 그리하여 서서히 생각의 힘이 빠져나가게 한다.

• **생각 연습의 실제**: 어떤 생각이 떠오를 때마다 '아하! 또 분별!' 하고 알아차리면서 그 생각을 내려놓는다.

⑦ 최극적정 단계

• **원효의 설명**: 최극적정은 안팎의 두 단계로 구분된다. 바른 생각(염)을 놓치어 잠시 밖의 대상에 의하여 마음이 흩어졌을 때, 바깥 대상이라는 것은 있지 않고 오직 마음일 뿐이라는 생각(염)의 힘에 의하여 곧 마음을 모아들이는 단계와 이 마음 또한 독자적인 모습(自相, 자상)이 없는 것이어서 생각(염)으로 얻을 수 없음을 알아 멈추는 것이다. 이처럼 안팎에서 마음의 움직임을 인정하지 않고 원래의 자리로 돌이키므로

최극적정이라고 한 것이다.

- 생각 연습의 초점: 염력(念力), 즉 알아차리는 힘을 활성화하여 바깥으로 흩어지려는 마음을 잡아 두되 잡아 두려는 마음 역시 실체가 없는 것임을 깨달아 모든 헛수고를 그치고 고요히 머문다.

- 생각 연습의 실제: 어쩌다 생각에 빠질 때 마음을 가리는 장난이라고 알아차려 상대하지 않는다. 아울러 생각으로 마음을 알아내려는 모든 노력을 포기하고 조용히 머물러 있어야 한다.

⑧ 전주일취 단계

- 원효의 설명: 전주일취는 가거나 오거나 무슨 행위를 하더라도 항상 방편을 생각(염)하고 수순하여 관찰하는 단계다. 이렇게 하여 오래 익히다 보면 앉으나 서나 움직이나 멈추나 무엇을 하든지 마음이 머물게 된다.

- 생각 연습의 초점: 생각은 마음에서 일어나지만 마음에 아무런 영향을 미치지 못하는 환각에 불과하다는 사실에 익숙해진다. 그리하여 생각에 집착을 하지 않은 채 오고 가는 생각을 자세히 관찰한다.

- 생각 연습의 실체: 생각이 떠오르면 자세하게 생각을 관찰한다. 생각이 어떻게 시작되는지, 다른 어떤 생각들을 끌어들이는지, 어떻게 다른 생각으로 바뀌는지 차분하게 관찰한다. 이

런 식으로 생각이 일어나면 열심히 생각하며 차분히 관찰하되 관찰이 끝나면 미련 없이 그 생각을 버리고 다시 돌아보지 않는다.

⑨ 등지 단계

• 원효의 설명: 마음이 흔들림 없이 멈춘 상태로 계속 유지되는 것이 등지다. 이제는 무슨 행동을 해도, 어떤 일이 벌어져도 마음이 움직임을 멈추고 자연스럽게 머물게 된다. 이런 등지의 마음은 바깥 대상이 아니라 (하나 된 마음이 보여 주는) 진여상에 머무르게 되는데, 진여상에 머물기 때문에 진여삼매에 들어가게 된다.

• 생각 연습의 초점: 마음은 이제 원래의 모습을 되찾아 생각과 상관없이 늘 자기 자리를 유지한다. 필요에 따라 생각은 일어나고 사라지는 움직임을 계속하지만 전혀 마음을 가리지 않는다.

• 생각 연습의 실제: 이제 생각은 연습의 대상이 아니다. 마음의 흐름에 따라 생각은 자연스럽게 생·주·이·멸의 과정을 거치며 이어질 것이다.

5) 생각 관찰하기

생각 멈추기(止, 지)가 사태의 본래 모습을 보기 위하여 마음을 멈추는 방법이라면, 생각 관찰하기(觀, 관)는 마음이 멈춘 상태에서 사태를 찬찬히 살피고 이해하는 방법이다. 앞에서 언급한 대로 『대승기신론』은 생각 관찰하기를 수행하는 이유가 생각 멈추기만을 수행할 때 마음이 가라앉고 게을러져서 선한 일을 행하지 않고 대비심을 내지 않기 때문이라고 하였다. 『대승기신론』은 생각 관찰하기를 네 가지로 분류하고 있다. 여기서는 그중 법상관에 대해 살펴볼 것이다. 먼저 『대승기신론』의 설명을 소개한 후 종류별로 생각에 대한 연습을 제시하도록 한다. 불교의 초기 경전에서는 생각 관찰하기를 지혜 수행이라고 하여 잘 살핌으로써 세상 만물은 변하는 것이며(無常, 무상) 자아는 실체가 없는 것(無我, 무아)임을 이해하는 데에 초점을 두었다고 한다(박태원, 2012, p. 237).

법상관은 법의 상, 즉 세상의 모든 사상(事象)의 존재와 돌아가는 이치를 제대로 관찰하는 것을 말한다. 법상관은 다시 무상관(無常觀), 고관(苦觀), 무아관(無我觀), 부정관(不淨觀)으로 나뉜다. 무애상담에서는 법상관 중 고관과 부정관보다 무상관과 무아관을 더 중요한 관찰법으로 간주할 것이다.

① 무상관
- 『대승기신론』의 설명: 무상관은 세상의 모든 것이 항상 인연을 따라 생멸하고 변화하는 것임을 자세하게 살피는 것이다.
- 생각 연습의 초점: 세상에 있는 것들 중에 변화하지 않고 항상 제 모습 그대로 존재하는 것이 없다는 사실을 자세하게 살

펴 깨닫는다. 시간 간격을 짧게 두고 관찰하면 관찰하는 대상
에 변화가 없는 것처럼 보일지라도 그 사이에도 미세한 변화
가 일어나고 있음을 살핀다.

- 생각 연습의 실제: 쉽게 변화하는 대상부터 시작하여 점차 변
  화를 지각하기 어려운 대상으로 옮겨 가며 관찰을 진행한다.
  시공을 점유하는 물리적인 대상, 사회·문화 현상, 개인의 심
  리 현상 등 모든 것이 관찰의 대상이 될 수 있다.
- 예
  - 할머니나 할아버지의 사진첩을 찾아 그분들의 외모가 어릴
    때부터 어떻게 달라져 왔는지 살펴본다.
  - 친일의 기준이 역대 정권별로 어떻게 달라져 왔는지 신문
    기사를 중심으로 살펴본다.
  - 잘 아는 연인을 선정하여 그들의 사랑이 어떻게 달라졌는
    지/달라져 가는지 살펴본다.
  - 자신이 문제로 삼는 주제(불안, 우울, 분노 등)를 하나 선택하
    여 그것이 어떤 생각으로 시작하여 어떻게 전개되다가 어
    떻게 사라지는지 자세하게 관찰한다.
  - 자신의 분노가 시작되면 얼마나 오래가는지 타이머로 시간
    을 재어 본다. 시간을 재기 시작한 후 분노 지속 시간에 변
    화가 있는지 표를 작성해 기록해 본다.
  - 불안 또는 우울이 시작되면 얼마나 오래가는지 타이머로
    시간을 재어 본다. 시간을 재기 시작한 후 불안 또는 우울

지속 시간에 변화가 있는지 표를 작성해 기록해 본다.

- 자신을 괴롭히는 생각이 얼마나 오래 자신을 괴롭히는지 타이머로 시간을 재어 본다. 시간을 재기 시작한 후 그 생각의 지속 시간에 변화가 있는지 표를 작성해 기록해 본다.

② 고관

• 『대승기신론』의 설명: 고관은 마음의 작용이 생각하는 그 순간 바로 생멸하기 때문에 이것이 고통임을 자세하게 살피는 것이다.

• 생각 연습의 초점: 생로병사를 거쳐 가는 과정 전체가 고통이지만 그 속에서 만났다 헤어짐을 반복하는 삶의 마디 하나하나가 고통임을 깨닫는다.

• 생각 연습의 실제: 실제로 고통스러웠던 경험에서 시작하여 점점 더 밋밋한 주제로 옮겨 가며 사실상 그것이 힘들고 어려운 것임을 알아차려 간다.

• 예

- 살아오면서 심하게 집착하고 매달렸던 사건을 하나 떠올리고 그때의 고통을 살펴본다.

- 자신의 입에서 좋아서 죽겠다는 말이 나올 때, 왜 그런 말이 나오는지 자신의 내면에서 오가는 생각을 살펴본다.

- 너무 행복해서 오히려 불안하고, 너무 즐거워서 그것이 사라질까 봐 걱정되었던 경험을 떠올리며 그때 지나간 생각

들을 살펴본다.

 – 자신이 지금 겪는 고통을 하나 골라 그것이 바깥 대상이나 어떤 경험이 아닌 자신의 집착하는 생각에서 비롯되는 것임을 관찰한다.

③ 무아관

• 『대승기신론』의 설명: 무아관은 과거, 현재, 미래에 생각(念, 염)하는 모든 대상이 독자적인 특성을 가진 실체가 아니라 꿈이나 번개나 구름처럼 인연에 따라 잠시 머물다 없어지는 것임을 자세히 살피는 것이다.

• 생각 연습의 초점: '나' 라는 존재가 실체가 없는 것임을 잘 살펴 깨닫는다. 지금 '나' 로서 살아가는 것은 고정불변의 실체가 아니라 '나' 라고 불리는 일종의 작용과 기능에 불과하다는 점을 관찰하여 '나' 에 대한 집착을 버린다. 그 '나' 가 생각으로 떠올리는 모든 대상에 대해서도 마찬가지다.

• 생각 연습의 실제: '나' 를 실체로 착각하게 하는 언어 환각을 벗어나고 '나' 의 실체성을 부인할 수밖에 없는 논리를 전개하며 또 그 '나' 가 연기적 존재임을 살펴 깨닫는다.

• 예

 – 앞에서 전개한 중론의 논리에 따라 '나는 간다.' 고 말할 때 그 '나' 가 별도로 존재하는 고정불변의 실체가 아니라 가는 행동과 더불어 존재하는 일종의 작용이요 기능임을 확

인한다.

- 다음 과정을 따라 자신의 실체가 무엇인지 생각해 본다.

나는 몸을 가지고 있지만, 나의 몸이 곧 나는 아닙니다. 나는 내 몸을 보고 느낄 수 있습니다. 따라서 내가 보고 느끼는 내 몸이 곧 나일 수는 없습니다. 나는 몸이 아닙니다.

나는 감각을 가지고 있지만, 나의 감각이 곧 나는 아닙니다. 나는 내 감각을 느낄 수 있습니다. 따라서 내가 느끼는 내 감각이 곧 나일 수는 없습니다. 나는 감각이 아닙니다.

나는 생각을 갖고 있지만 내가 곧 생각은 아닙니다. 나는 나의 생각을 인식합니다. 따라서 내가 인식하는 나의 생각이 곧 내가 될 수는 없습니다. 수많은 생각이 나에게서 일어나기는 하지만 이들이 바로 나라고 말할 수는 없습니다. 나는 생각이 아닙니다.

나는 감정을 갖고 있지만 내가 곧 감정은 아닙니다. 나는 나의 감정을 느낍니다. 따라서 내가 느끼는 감정이 곧 내가 될 수는 없습니다. 수많은 감정이 나에게서 일어나기는 하지만 이들이 바로 나라고 말할 수는 없습니다. 나는 감정이 아닙니다.

나는 의지를 갖고 있지만 내가 곧 의지는 아닙니다. 나는 원하고 바라는 의지가 나에게 있다는 것을 압니다. 따라서 원하고 바라는 그것이 곧 내가 될 수는 없습니다. 수많은 의지가 나에게서 일어나기는 하지만 이들이 바로 나라고 말할 수는 없습니다. 나는 의지가 아닙니다.

그렇다면 나는 참으로 누구일까요?(박성희, 2010, p. 259)

- '나'가 어떻게 생겨서 이 세상에 태어났는지 연기적 관계

를 거꾸로 거슬러 올라가면서 그 계기들을 따지며 자기 존
재의 임의성과 우연성을 관찰한다(환멸연기). 다음은 중·
고등학생들이 읽기 쉽게 원효를 소개한 책에 실린 예화다
(김재란, 2007, pp. 42-43).

두 분은 젊었을 때 '백조 다방'에서 선을 보고 결혼하셨어. 아버지는
그 백조 다방의 아름다운 조명 아래서 어머니가 그렇게 예뻐 보일 수
가 없었고 그래서 결혼하기로 마음먹었다고 말씀하시곤 했지. 그런데
아버지는 나중에 비밀을 하나 털어놓으셨어. 막상 밝은 햇빛 아래서는
어머니에게 그때와 같은 느낌을 받을 수가 없었다는 거야. 쉽게 이야
기하면 아버지는 어머니의 조명발 미모에 넘어가신 셈이야. 정말 그렇
다면 백조 다방의 조명은 두 분의 결혼에 결정적인 역할을 한 것이지.
여기서 한번 상상해 보자. 왜 그때 백조 다방의 조명이 그렇게 멋졌던
걸까? 아마 다방 여주인이 바로 얼마 전에 조명 시설을 다시 했을 거야.
그런데 하필이면 두 분이 선보는 그 시기에 조명 시설을 했을까? 다방
여주인이 옛날에 친구에게 꾸어 준 돈을 마침 그때에 돌려받아서일지
몰라. 그러면 다방 여주인의 친구는 빌려 간 돈을 빨리 갚지 않고 왜 그
때야 돌려주었을까? 그 친구는 남편 사업에 필요한 돈을 빌렸던 것인
데 남편 사업이 잘 되지 않아 그동안 돈을 갚지 못했지. 그러다가 마침
그때 남편 사업이 잘되기 시작해서 먼저 친구에게 빌린 돈부터 갚았던
거야. 돈 받는 걸 포기했던 다방 여주인은 돈을 돌려받은 것이 정말 기
뻐서 오랫동안 바꾸려고 생각만 했던 낡은 조명을 그때 바꾸어 버렸
어. 그래서 새롭게 단장한 조명 아래서 우리 아버지와 어머니가 선을
봤고 '운명처럼' 두 분은 서로에게 호감을 느껴서 결혼하신 거지. 그

래서 내가 태어났고 내가 태어났기에 여러분이 지금 이 책을 읽을 수 있는 거야. 그러면 지금 여러분이 내 글을 읽는 것과 백조 다방 여주인 친구 남편의 사업은 어떤 관계가 있을까? 얼핏 생각하면 아무 관계도 없는 것 같지. 그렇지만 백조 다방 여주인 친구 남편의 사업이 그때에 잘되지 않았다면 백조 다방의 멋진 조명은 없었을 테고, 멋진 조명이 없었다면 우리 아버지와 어머니는 결혼하지 않았을지도 몰라. 그러면 나도 태어나지 못했을 거고 내가 태어나지 못했으니 여러분이 내 글을 읽을 수 없었을 거야. 이렇게 보면 여러분이 지금 내 글을 읽는 것과 백조 다방 여주인 친구 남편의 사업은 대단히 밀접한 관계가 있는 거야.

— 자신이 간직하고 있는 신념, 가치관, 생활신조, 습관, 사고
방식, 기준 등이 절대적으로 지켜야 할 실체가 아니라 생존
과 적응을 하는 과정에서 여러 계기가 연결되어 우연하게
형성된 허구임을 관찰하고 자각한다. 특히 자신을 괴롭히
는 '당위적' 생각들에 어떤 것들이 있는지 잘 살펴 그 연기
적 속성을 확실하게 이해한 후 마음에서 내려놓는다. 자신
이 그렇게 확신하고 살아왔던 신념과 가치 그리고 수많은
기준이 따지고 보면 모두 우연히 또는 임의적 필요에 의해
마음에 자리 잡은 허깨비에 불과하다는 사실, 그리고 자신
을 힘들게 하고 자신에게서 평안함과 자유로움을 빼앗아
가는 주원인이 여기에 있다는 사실을 철저하게 알아차린
다. 다음 예를 보자.

상황: 김 교사는 늘 열심히 살아야 한다는 신념이 몸에 배어 있다. 그래서 그런지 일을 내려놓고 쉴 때에도 마음이 편치 않다. 쉬기 시작할 때에는 괜찮다가도 쉬는 시간이 조금 길어지면 마음이 불편하고 왠지 죄를 짓는다는 느낌이 들어 불안해진다. 그래서 방학 때에도 연수를 받든가 목표했던 책을 다 읽든가 늘 무언가 일을 만들어 바쁘게 산다. 심지어 쉬는 것도 열심히 쉬려고 노력한다.

당위적 신념(생각) 관찰: 쉬다가 마음이 불편해지는 시점에 일어나는 생각들을 잘 살피다가 그 중심에 있는 생각 하나를 찾아낸다. 그 생각이 찾아지면 그 생각과 관련된 다양한 기억을 더듬어 그 생각이 뿌리를 내리게 된 사건과 상황들을 자세히 들여다본다. 그리하여 처음 계기가 된 사건을 시작으로 그것이 이어지고 굳어져 온 개인사를 재구성해 낸다.

- 김 교사의 경우, '성실성'을 강조하는 아버지의 영향력이 컸다. 무슨 일이든 일단 시작하면 열심히 해야 한다는 아버지의 설교를 듣고 지내다가 초등학교에 다니던 어느 날 쉬는 시간에 친구에게 빌린 만화책을 보는데 갑자기 따귀를 맞는 일이 벌어졌다. 어안이 벙벙하여 고개를 들어 보니 아버지가 앞에 서서 화를 내고 있었다. 이 사건 이후 김 교사는 쉬는 시간에도 편히 쉬는 대신 항상 '유익한' 무언가를 하게 되었는데, 그렇게 열심히 하는 덕분에 성적도 좋아지고 주위로부터 인정을 받는 일이 잦아졌다. 성실한 행동에 대한 긍정적인 평가가 이어지면서 김 교사의 성실성은 점

점 단단해졌고, 그 결과 오늘날 비교적 성공적인 삶을 살게 되었다. 그러나 마음 한구석에 성실성과 불편함이 묘하게 연결되어 있음을 알겠고 자신이 잘 살고 있는지 늘 의심이 된다.

④ 부정관

• 『대승기신론』의 설명: 부정관은 세상의 모든 몸은 다 깨끗하지 못하고 갖가지로 더러워서 하나도 즐거워할 만한 것이 없음을 자세히 살펴 아는 것이다.

• 생각 연습의 초점: 자기 몸이 겉으로 보면 깨끗하게 보여도 그 안에는 더러운 오물들이 가득 차서 애착을 가질 가치가 없다는 사실을 살펴 알게 한다. 그리하여 몸에 대한 지나친 집착을 버린다.

• 생각 연습의 실제: 자기 몸을 구성하는 요소들을 하나하나 살피면서 그 지저분함과 더러움을 알아차린다.

• 예: 대념처경에 있는 몸의 요소 관찰(박성희, 2002, p. 387)에 따라 자기 몸을 관찰한다.

수행자들이여, 마치 사람이 눈을 가지고 포대 속에 여러 가지 곡물, 즉 벼, 멥쌀, 녹두, 콩, 깨, 좁쌀 등이 가득 차 있는 것을 알아차리고 '이것은 벼다, 이것은 멥쌀이다, 이것은 녹두다, 이것은 콩이다, 이것은 깨다, 이것은 좁쌀이다.' 고 관찰하듯이 '피부로 덮인 깨끗하지 않은 것으로 채워진 이 몸에 머리카락, 털, 입술, 이, 피부, 살, 힘줄, 뼈, 콩팥, 염통, 간, 늑막, 지라, 허파, 창자, 창자 내용물, 위, 위 내용물, 똥, 담즙, 가래, 고름, 피, 땀, 기름, 눈물, 임파액, 점액, 관절액, 오줌 등이 있다.'고 알아차리라.

6) 생각 벗어나기

생각 벗어나기는 생각이 한창 진행될 때 갑자기 생각의 작동을 멈춤으로써 생각의 세계에서 생각 없음의 세계로 마음자리를 이동시키는 전략이다. 간절한 마음으로 '나무아무타불!'을 외치는 염불, '오, 주 예수여!' 하며 신의 이름을 부르는 호명, 기도하며 외우는 주문들이 모두 이에 속한다. 몸으로 움직이는 활동에 뛰어들어 생각이 작동할 여유를 주지 않는 전략도 여기에 포함시킬 수 있다.

① 짧은 어구 외치기
- 먼저, 자신(청담자)에게 좋은 의미가 있는 짧은 어구를 정한다. 사람 이름도 좋고 책 속에서 본 좋은 구절도 좋고, 주술문도 좋고 약자도 좋고 그냥 외마디 외침도 좋다. 어쨌든 그 어구를 부를 때 마음이 확 그 어구 쪽으로 쏠리는 것이어야 한다.
- 어구를 외칠 때 간절한 마음이 있어야 한다. 간절한 마음이 없이 입으로 시늉만 내서는 효과를 볼 수 없다.

- 상황이 허락되는 곳이면 가능한 한 큰 소리로 외친다.
- 떠올리기 싫은 생각이 들 때마다 반복해서 정해 놓은 어구를 외친다.

성철 씨는 다른 사람 때문에 화가 치밀어 오를 때마다 "나지사!" 하고 외친다. 용타 스님이 운영하는 동사섭 프로그램에 기원을 둔 이 외침은 '저 사람이 ~ 행동을 하는구나.' '무슨 사정이 있겠지.' '그래도 이만하기가 다행이야. 감사.' 라는 문장들의 마지막 글자들인 '나, 지, 사'를 연결하여 만든 약자다. 성철 씨는 이렇게 외칠 때마다 화를 끌어올리던 생각이 사라짐을 경험한다.

② 감각에 집중하기
- 몸에서 일어나는 일에 주의를 기울이며 자신의 오감에 들어오는 느낌에 집중한다.
- 눈에 들어오는 대상이 있으면 자세하게 살피기 시작한다. 만일 어떤 사람이 앞에 있다면 그 사람의 머리부터 발끝까지 외모, 옷차림, 행동을 하나하나 찬찬히 살핀다.
- 귀에 들리는 소리가 있으면 귀를 기울여 자세하게 듣는다. 어떤 소리들이 들리는지, 그 소리들이 어떻게 다가왔다가 어떻게 멀어지는지 자세히 살핀다.
- 코에 들어오는 냄새가 있으면 냄새의 정체를 알아내기 위하여 의식을 후각에 집중한다. 어떤 냄새가 나는지, 냄새가 어

떻게 변화하는지 주의를 기울인다.

• 입으로 맛을 느낄 수 있는 상황이라면 맛의 정체를 알아내기 위하여 미각에 집중한다. 어떤 맛이 나는지, 다른 음식이 들어가면 맛이 어떻게 변하는지 주의를 기울인다.

• 몸으로 접촉할 수 있는 상황이라면 촉감의 정체를 알아내기 위하여 촉각에 집중한다. 피부에 어떤 느낌이 있는지, 다른 대상을 접촉할 때와 느낌이 어떻게 다른지 주의를 기울인다.

• 생각에 빠져 있다는 자각이 들 때마다 감각에 집중하여 자신의 감각을 예민하게 활성화한다(유윤한 역, 2010).

동현 씨는 세상 돌아가는 꼴이 몹시 못마땅하다. 밥을 먹으며 TV를 보다가 정치인들이 등장하면 생각이 뒤틀리며 욕이 튀어나온다. 친구에게 이런 말을 했더니 친구가 코칭을 한다. 밥을 먹을 때는 다른 데 신경 쓰지 말고 오직 '맛'에만 집중하라는 것이다. 밥이 혀에 닿을 때 어떤 맛이 나는지, 처음 씹을 때와 열 번 씹을 때 맛은 어떻게 달라지는지, 김치는 어떤 맛인지, 김치에 들어 있는 양념들은 각자 어떤 맛을 내는지 등, 온 신경을 미각에 집중하라고 하였다. 친구의 충고에 따라 맛에 집중하다 보니 동현 씨는 맛의 세계가 정말 오묘하다는 사실을 알게 되었다. 더불어 맛을 느끼기 위해 미각에 집중하는 시간에는 다른 사람을 미워할 겨를이 없다는 사실도 깨닫게 되었다.

③ 속도감 있는 역동적인 스포츠 즐기기

자전거, 산악자전거, 스키, 스케이트, 썰매, 육상, 수영, 스노클

링, 스킨스쿠버, 번지점프, 스카이다이빙 등등 속도감이 있거나 약간의 위험이 가미된 역동적인 스포츠를 선택하여 몰입한다.

④ 자연 음미하기

자연 속에 들어가 자연과 하나 되는 체험에 자신을 맡긴다. 가능하다면 일상에서 감상할 수 있는 평범한 자연보다는 마음에 충격을 주고 감탄을 자아낼 수 있는 훌륭한 경관을 마주 대하는 것이 좋다. 여행도 좋은 방법이다.

7) 생각 버리기

좋은 생각이건 나쁜 생각이건 한 생각에 오래 머물지 않으려면 생각을 잘 버릴 수 있어야 한다. 생각 버리기는 생각을 하지 않는 것이 아니라 생각을 하되 그 생각에 오래 머물지 않는 전략이다. 어떤 사태를 마주치면 으레 관련된 생각이 떠오르기 마련인데 이렇게 떠오르는 생각에 잠시 머무르다가 그 생각의 효용이 끝나는 대로 폐기 처분하는 것이다. '오는 생각 막지 않고 가는 생각 붙들지 않는다.'로 요약되는 전략으로 원효는 이를 수순(隨順)이라는 용어로 표현했다. 사람들이 겪는 대부분의 심리적인 문제는 자기 주도적으로 생각을 통제하지 못하는 데서 비롯된다. 생각하고 싶지 않은 생각이 자꾸 떠오르고 그만 생각하고 싶은데 계속 같은 생각에 얽매이는 현상이 문제의 원인이다. 자신도 모르게 자꾸 얽혀 들어가는 생각의 굴레가 바로 이것이다. 이를 해결하기 위한 전략은 두 가지로 나눌 수 있다. 하나는 일어나는 생각에 충분한 시간을 주는 방법이고, 하나는 역설법을 활용하는 방법이다.

① 충분히 머무르게 하기

생각에도 에너지가 담겨 있다. 이 에너지를 다 쓰지 않으면 생각은 잠시 자리를 비켜 줄지언정 사라지지 않는다. 생각 충분히 머무르게 하기는 생각에 충분한 시간을 주어 그 안에 담긴 에너지를 다 쓰게 하는 전략이다. 일어나는 생각을 굳이 거부하지 않고 스스로 물러날 때까지 내버려 두는 것이다. 다음과 같은 절차를 따라 생각이 충분히 머물러 있게 돕는다.

- 목표로 삼을 문제가 되는 생각을 선정한다.
- 미리 걱정하지 말고 문제가 되는 생각이 일어나면 일어나는 대로 내버려 둔다.
- 생각에 잠겨 있는 시간이 길어지더라도 걱정하지 말고 차분하게 관찰을 하며 내버려 둔다. 중간에 다른 일이 생기거나 다른 생각이 일어나면 자연스럽게 그리로 옮겨 간다.
- 문제가 되는 생각이 일어나지 않을 경우 다시 끌어들이려고 애쓰지 않는다. 다만 자발적으로 그 생각이 다시 일어나면 다시 충분한 시간을 주고 머물게 한다.
- 일어나는 모든 생각에 이런 전략을 적용한다. 그리하여 생각

에 끌려다니는 대신 스스로 생각의 주인이 된다.

영철이는 고3 학생이다. 그런데 요즘 고민이 생겼다. 입시 준비를 해야 하는데 좋아하는 여자아이가 생긴 것이다. 공부를 하려고 책을 펴놓으면 그 아이가 눈에 아른거려 글이 눈에 들어오지 않는다. 상담선생님을 찾아가 고민을 털어놓으니 다음과 같이 해 보란다. 여자아이 얼굴이 떠오르면 하던 공부를 멈추고 편안한 자세를 취한 후 그 아이 생각을 맘껏 해 보라는 것이다. 그 아이 생각이 더 나지 않을 때까지. 반신반의하면서 상담선생님 말대로 했더니 놀랍게도 효과가 있었다. 처음에는 여자아이를 생각하는 시간이 제법 길었는데 날이 갈수록 그 시간이 짧아지는 것이었다. 물론 공부하다가 그 아이 얼굴이 생각나는 일도 깨끗이 사라졌다.

② 역설법 활용하기

문제가 되는 생각으로부터 도피하려는 태도를 바꿔서 오히려 그 생각을 초대해 들이는 방법이 역설법이다. 예를 들어, '실수할까 봐 걱정된다.'는 생각이 있다면 '이번에는 실수를 좀 더 확실하게 하자.'는 생각으로 바꾸고, '그 사람이 자꾸 생각나서 미치겠다.'는 생각이 있다면 '그 사람에 대한 생각을 좀 더 세세하고 철저하게 해 보자.'는 생각으로 바꾸는 것이다. 이렇게 하면 문제가 되던 생각은 슬그머니 꼬리를 내리기 시작한다. 이와 같이 태도를 역전시키면 문제의 생각이 출현하는 빈도가 줄어들 뿐 아니라, 차차 그 생각에 들어 있던 에너지가 빠져 버려 더 이상 괴롭히는 생각이 되지 못한다. 생각을 끌어안음으로써 버리게 되는 역설 현상을 이용하는 전략이다.

- 목표로 삼을 문제가 되는 생각을 정한다.
- 문제가 되는 생각을 적극 환영하며 끌어들인다.
- 한 걸음 더 나아가 문제가 되는 생각을 더 악화되는 방향으로 발전시킨다.
- 악화된 방향으로 발전시킨 생각을 실제 생활에 적용한다.
- 도피하고 싶은 모든 생각에 이 전략을 적용한다.

철홍이는 초등학교 4학년입니다. 어느 날 국어시간에 철홍이는 선생님에게 지명을 받아 책을 읽게 되었습니다. 책을 읽는 중간에 철홍이는 실수로 말을 더듬었습니다. '협동' 이라는 말을 읽으면서 '혀혀혀협동' 이라고 더듬은 거지요. 그랬더니 아이들이 큰 소리로 '우하하' 하고 웃었습니다. 이런 일이 한 번 더 있었습니다. 그 일이 있은 후로 철홍이는 국어시간만 되면 마음을 졸였습니다. 혹시나 선생님에게 또 지명을 받아 책을 읽다가 실수를 해서 아이들이 비웃으면 어쩌나 불안했던 거지요. 나중에 상담을 하다가 이 사실을 알게 된 선생님이 처방을 해 주셨습니다. "철홍아, 다음에 선생님 지명을 받아 책을 읽을 때는 한 문단에 다섯 번 정도 더듬도록 해라. 꼭 다섯 번을 더듬되 일부러 그렇게 해야 하는 거야." 다음 날 국어시간에 선생님은 철홍이를 지명해 책을 읽게 했고 철홍이는 단 한 번도 더듬지 않은 채 문단 하나를 다 읽어내려 갔습니다(박성희, 2010, p. 169).

8) 생각 감별하기

살다 보면 자신이 '바르게 생각하는(正思, 정사)'지 혼란스러울 때가 있다. '바르게 생각한다.'고 판단할 기준이 명백하지 않으면 더욱 그렇다. 세상 모든 것이 연기적인 관계를 좇아서 구성되며 '나' '나의 것' '세상의 모든 법'이 고정 불변하는 실체도 아니고 절대적인 것도 아니라면 도대체 무엇을 기준으로 생각의 '바름'을 판단해야 할지 난감하다. 게다가 원효가 주장한 하나 된 마음(일심)을 따르자면 옳고 그름을 가리는 일 자체가 허무할 따름이다. 그럼에도 생활인으로서 우리는 생각을 벗어나 살 수가 없다. 따라서 기왕에 생각을 하며 살 것이라면, 바르게 여겨지는 생각을 가까이 하는 것이 좋을 것이다. 다행히 원효는 '본각의 공덕'이라는 이름으로 어떤 생각을 가까이 하는 게 바람직한지 힌트를 주고 있다. 원효는 하나 된 마음일 때 따라오는 공덕으로 마음의 평안함과 자유로움 그리고 타인을 향한 자비심을 꼽고 있다. 필자는 이 원리를 생각에 그대로 적용할 수 있다고 본다. 어떤 생각이 마음에 평안함과 자유로움을 주고 다른 사람들을 향한 자비심을 일으킨다면 그것은 바른 생각에 가까울 것이다. 만일 그 반대로 어떤 생각이 마음을 불안하게 하거나 매이는 느낌을 주거나 다른 사람들을 해치는 결과를 가져오는 것 같다면 그 생각은 버리는 것이 나을 것이다. 따라서 평안함, 자유로움, 자비심의 세 가지를 기준 삼아 생각을 감별하고 바른 생각을 선택하여 생활하면 도움이 될 것이다. 원효가 한마음이 될 때 자연스럽게 따라오는 공덕이라고 말한 내용을 거꾸로 뒤집어 적용하는 것이 문제가 있을 수 있지만, 일상을 살아가는 일반인에게 이 세 가지는 생각을 감별하며 풍요로운 삶을 살아가는 데 도움이 되는 기준이 될 수 있을 것이다.

- 여러 가지 생각이 충돌하여 판단이 어려운 상황을 택한다.
- 생각의 갈래를 나누어 놓은 다음, 하나씩 떠올리며 그것이 마음에 일으키는 느낌을 주목한다. 각각의 생각이 마음에 일으키는 느낌을 차분하게 관찰한다. 어떤 느낌인지 분명하게 알아차릴 수 없으면 느낌이 분명하게 될 때까지 그 생각을 계속 마음에 품는다.
- 품고 있던 생각이 평안함, 자유로움, 자비심을 일으키면 그대로 그 생각에 머물러 있는다. 반면, 불편하고, 얽매이고, 관련된 사람들에 대해 마음이 닫힌다고 느껴지면 그 생각을 버린다.

선정 씨는 지독하게 고집이 센 시어머니를 만났습니다. 도대체 다른 사람 말은 들으려 하지 않고 자기주장이 너무 거셉니다. 사사건건 참견하며 감 놔라 대추 놔라 하는 통에 집안 사람들 모두가 골치를 앓습니다. 외며느리로 들어온 선정 씨에게는 큰일이 아닐 수 없습니다. 어차피 모시고 살아야 하는데 앞날이 몹시 걱정됩니다. 고민에 고민을 거듭

하던 선정 씨는 생각을 바꾸기로 했습니다. 그리하여 자신의 마음도 평안하고 시어머니에게도 도움이 되겠다고 생각되는 방법을 찾아냈습니다. 시어머님이 정말 원하는 게 무엇인지, 정말 필요로 하는 게 무엇인지, 식구들을 괴롭히는 행동을 통해서 충족시키려는 욕구가 무엇인지 시어머니 입장에서 살펴보기로 했습니다. 며칠간 시어머니 입장이 되어 보니 뭔가가 보였습니다. 바로 외로움이었습니다. 선정 씨는 시어머님에게 친구를 만들어 드리기로 했습니다. 그래서 인근에 있는 교회 목사님께 부탁을 하고 시어머니 꼬시기 작전에 돌입했습니다. 교회에는 시어머니 또래의 할머니들이 많았습니다. 그중 사명감과 희생정신이 투철한 할머니 두어 분이 적극적으로 나서 주었습니다. 끈질긴 구애작전이 성공해서 마침내 시어머님은 마음을 열었습니다. 이제는 또래 할머니들과 어울려 텃밭에 채소도 가꾸고 봉사활동도 하십니다. 여전히 집안일에 참견을 하시지만 많이 부드러워지고 따뜻하게 배려해 주실 때가 있어서 식구들이 놀라워합니다(박성희, 2010, p. 200).

5. 마음 신뢰하기

무애상담은 마음 상담이다. 따라서 무애상담은 마음의 정체와 특성에 대해 잘 알게 도와야 할 뿐 아니라 마음이 간직하고 있는 보물을 제대로 꺼내 쓸 수 있는 방법을 안내해야 한다. 이것이 가능하려면 청담자 스스로 자신이 지닌 마음의 위대함에 눈을 뜨고 이를 절실하게 믿어야 한다. 원효가 말하는 진짜 마음(진여심)은 말할 수도 생각할 수도 없는 텅 빈 것(여실공)이면서도 동시에 비어 있지 않은(여실불공) 실재다. 이렇게 여실공하면서 여실불공한 진여는 그 자체가 진실한 마음으로서 그 안에 일체의 모든 법을 충만하게 갖추고 있다. 다시 말해 진여심이라는 마음의 세계 안에 진리가 숨을 쉬고 있을 뿐 아니라 이를 충만하게 구현해 갈 기능과 작용이 담겨 있다는 것이다. 마음이 이렇게 위대한 실재임을 믿게 되면, 더 이상 외부의 대상에 의존하지 않게 된다. 그리하여 당당하게 자신의 마음에 의지하여 무소의 뿔처럼 혼자서 길을 갈 수 있게 된다. 그렇다면 자신의 마음에 대한 신뢰를 어떻게 불러일으킬 수 있을까? 스스로 깨닫는 것이 가장 이상적이지만, 그렇지 않은 경우 다음 전략들이 도움이 될 수 있다.

1) 직접 체험

• 명상: 명상은 신체, 마음, 영혼을 훈련하는 훌륭한 기법이다. 마음을 훈련하는 명상은 마음을 하나로 모아 특정 대상에 고요히 집중하는 집중명상(사마타)과 자신에게 일어나는 제반 현상을 차분히 관찰하고 지켜보는 관찰명상(위빠사나)으로 나뉜다. 이렇게 명상을 수행하면서 명상이 가져오는 고요함, 기쁨, 평안함, 자유로움, 행복함 등을 느껴 본다. 그리고 이들이 모두 다른 곳이 아닌 자신의 내면에서 우러나오는 것임을 자각한다.

• 치유 체험: 사람의 몸에는 스스로를 치유하는 치유의 힘이 깃들어 있다. 피부에 상처가 났을 때 약을 바르지 않고 그대로 두어도 일정한 시간이 지나면 상처 크기가 줄어들다가 딱지가 앉고 결국 원래 상태를 회복한다. 피부뿐 아니라 우리 몸 어느 곳에 문제가 생기면 그 즉시 치유하는 힘이 발동하기 시작한다. 의사나 약은 이 치유의 힘을 활성화시키고 보조하는 역할을 할 따름이다. 그런데도 사람들은 상처를 치유하는 힘이 자신에게서 비롯된다는 생각을 하지 않는다. 몸이 아닌 마음으로 들어가면 이런 현상은 더욱 뚜렷해진다. 그러나 몸과 마찬가지로 마음 역시 자기치유력을 가지고 있다. 마음을 번잡하게 하지 않고 고요하게 내버려 두면 마음 안에 있는 자기치유력이 발동하여 상처 난 마음을 자연스럽게 치유한다. 다음과 같은 절차를 따라 마음에 있는 이러한 치유력을 직접 체험하면 도움이 될 것이다.

– 현재 마음에 느끼는 아픔에 주의를 집중한다.
– 아픔에 주의를 집중한 채 마음의 치유력이 있다고 여겨지는 곳을 향해 간절하게 기도한다.
– 기도하는 마음을 유지한 채 인내심을 가지고 치유력이 발동하기를 기다린다.
– 시간이 지난 후 자신이 느끼는 아픔의 강도를 이전과 비교하며 차이를 살핀다.

• 꿈: 사람들이 매일 꾸는 꿈은 마음이 엄청난 힘을 가지고 마법을 펼치고 있다는 사실을 생생하게 보여 준다. 꿈에서 우리는 현실에서 전혀 불가능한 일을 해내기도 하고, 상상도 못한 곳에서 생각지도 못한 경험을 한다. 꿈속에서 우리는 현실에서 풀지 못한 문제를 풀기도 하고, 태몽처럼 미래를 내다보기도 하며, 평소에 쌓인 스트레스를 확 날려 버리는 광경을 보기도 한다. 꿈에서 나타나는 모든 광경과 사건은 다 마음이 하는 짓이다. 물론 마음의 무의식적 측면이 작동하는 것이라 합리성과 일관성이 떨어져서 그렇지 꿈이 마음의 작품이라는 사실은 의심할 여지가 없다. 프로이트와 융 같은 서양 학자들이 꿈을 통해 마음의 일단을 엿보려고 했던 이유도 다 여기에 있다. 꿈속으로 들어가서 마음이 부리는 온갖 마법을 주의 깊게 살핀다면 자기가 지닌 마음의 위력을 실감할 수 있을 것이다.

2) 간접 경험

사람이 지닌 마음이 위대하다는 사실은 이미 여러 사람이 언급한 바 있다. 특히 인류의 스승들은 한결같이 진리가 머무는 처소로 마음을 지목하여 그 위대성을 강조하면서 자기 마음을 주인으로 삼아 주체적으로 살아가라고 가르쳤다. 이런 가르침들을 확인해 본다.

• 석가모니 부처: 석가모니 부처는 모든 사람에게 불성이 존재한다는 점을 강조하였다. 불성(佛性)은 모든 중생이 본디 가지고 있는, 부처가 될 수 있는 성질이라는 뜻이다. 그러니까 모든 사람은 부처가 될 수 있는 성질을 자기 안(마음)에 지니고 있다는 말이다. 그런데 마음 안에 있는 이 불성에 따라 살면, 그 어느 것에도 방해받지 않는 대자유를 향유하며 순간순간 깨어 있는 인격의 완전함을 누릴 것이며(깨달음), 온갖 종류의 번뇌와 속박에서 벗어나 편안한 경지에 이를 것이며(해탈), 인간의 상상을 초월한 평화로운 상태에 머물 것이며(열반), 인위적인 노력이 가해지지 않은 평상시의 자연스러운 마음을 유지할 것이며(평상심), 분별하는 의식을 깨달음의 지혜로 바꿀 것이며(전식득지), 사람이 괴로움에 빠지는 열 가지 과정으로부터 자유로울 것이다(미십중으로부터의 자유). 아울러 깨달은 자에게서 나오는 신통력, 즉 자기와 남의 과거를 모두 알 수 있는 숙명통, 모든 사물을 자유자재로 꿰뚫어 볼 수 있는 천안통, 마음대로 번뇌를 끊을 수 있고 생사윤회를 벗어날 수 있는 누진통, 세상의 모든 소리를 다 알아듣는 천이통, 다른 사람이 마음에 생각하고 있는 선악을 모두 알아내는 타심통, 산, 바다, 하늘을 마음대로 날아다니는 신여의통 등을 거침없이 구사하며 살아갈 것이라고 한다. 불교의 인사말인 "성불하세요!"라는 말에는 이처럼 거창하고 깊은 뜻이 담겨 있다(박성희, 2015, pp. 29-30).

• 노자: 노자는 『도덕경』에서 '나'라는 용어를 한 번도 사용하지 않았지만 『도덕경』의 맥락을 살펴보면 '나' 그리고 마음의 근원을 도와 덕에 두고 있다. 『도덕경』에 따르면 만물이 그런 것처럼 나와 나의 마음도 도덕에서 나와서 자라고 자라다가 결국 본래의 자리로 되돌아간다. 그런데 이 도는 스스로 존재하는 것으로서 쉽게 지각할 수 없지만 황홀하게 실재하며 천지만물을 시작한 근원이면서 동시에 만물 사이를 운행하여 창조와 생성을 지속시키는 추진력인데, 그 운행이 은밀하여 하지 않으면서 다 하는 것이다. 덕은 도가 구체화되고 분화된 것으로서 도를 바탕 삼아 세상만물에 관여하며 도를 완성하는 역할을 수행하는 것이다. 그러므로 마음에 깃든 이 도덕의 원리에 충실하게 살 때, 사람은 마음을 고요하게 유지할 수 있고 덜고 또 덜어서 지어서 함이 없는 경지에 이를 것이며, 밝고 밝아 사방을 비추며 족함을 알면서 편안하게 오래 살 것이다(박성희, 2015, pp. 30-31).

• 유학: 유학에서는 마음을 도심과 인심으로 나누어 설명한다. 도심은 인의예지와 같은 도덕적 본성을 따르는 마음의 작용으로서 하늘이 부여한 원리와 법칙(理, 이)을 따르는 건강한 마음이며, 인심은 기(氣)에서 발생하여 욕심에 따라 타락할 수 있는 위태로운 마음을 뜻한다. 따라서 사람에게서 도심이 정상적으로 살아 움직인다면 그는 원래 하늘이 그에게 부여한 원리와 법칙에 따라 성인 또는 군자의 길을 걸어갈 수 있

을 것이다. 다시 말해 매사에 남을 배려하고 사랑하며(인), 의리를 알고 정의를 행하며(의), 겸손하고 양보할 줄 알며 (예), 지혜를 모아 슬기롭게(지) 살아갈 것이다. 그 결과 고요할 때나 활동할 때나 항상 맑고 투명한 마음을 유지할 것이며 사회적인 관계 역시 조화롭게 다스려 갈 것이다(박성희, 2015, p. 31).

• 예수: 예수가 부활한 이후 그가 세상에 보내는 성령 역시 믿는 이의 마음에 자리를 잡는다. 예수는 제자들에게 자기가 세상을 떠나면 아버지인 하나님께 청하여 제자들과 영원토록 함께 할 보혜사 성령을 보내 줄 것이라고 약속한다. 그런데 이 성령은 진리의 영으로서 제자들과 함께 머물고 또 그들의 속(마음)에 계신다고 한다. 예수의 이름으로 보내지는 이 성령은 제자들에게 모든 것을 가르치고 예수가 가르친 모든 것을 생각나게 할 뿐 아니라, 하나님을 아바 아버지라 부를 수 있는 자녀의 권리를 부여한다. 따라서 성령으로 거듭난 기독교인은 "이제는 내가 사는 것이 아니라 내 안에(마음) 그리스도가 사는 것"(갈라디아 2:20)이라는 확신에 찬 고백을 할 수 있다. 이렇게 자신의 (마음) 안에 거하는 성령을 따라 움직이는 기독교인들은 항상 진리 가운데에 머물 것이며, 예수가 한 일 뿐 아니라 그보다 더 큰 일도 할 것이며, 무슨 일을 하든지 만사가 합력하여 선을 이룰 것이다. 이렇게 마음은 성령까지도 품을 수 있는 위대한 터전이다(박성희, 2015, pp. 31-32).

6. 하나 된 마음으로 살아가기

　한마음 또는 하나 된 마음(일심)으로 살아가는 삶은 원효가 꼽는 최고의 삶이다. 그야말로 '모든 것'과 하나 될 수 있다니 꿈같은 일이다. 그러나 원효는 이것이 꿈이 아니라는 사실을 명확하게 드러낸다. 마음이 언어와 생각의 사술, 즉 언어와 생각의 농간에 걸려 존재 환각과 실체 환각에 사로잡히지 않는 한 세상 모든 것과 하나 되는 일은 얼마든지 가능하다고 한다. '나'라는 존재, '나의 것이라는 소유 관념' '반드시 지켜야 하는 기준과 법'이라는 것들이 모두 언어와 생각의 장난으로 인해 생긴 허구들에 불과하다면 굳이 이런 것들에 집착하며 매여 살 이유가 없다. 존재 환각과 실체 개념을 벗어나면 존재하는 모든 것의 참모습은 서로가 서로에게 열려서 마치 한 몸처럼 엮여 있다. 이렇게 모든 존재가 하나로 엮여 있음을 깨달을 때 마음은 저절로 열려 모든 것을 포용할 수 있게 된다. 드디어 마음이 모든 것과 하나가 되는 경지가 열리는 것이다.

　하나가 된 마음자리에서 모든 것과 하나로 머물러 있으려면 무엇보다도 언어와 생각을 잘 다루어야 한다. 앞에서 언어와 생각은 본질 자체가 실체화의 오류와 존재 환각을 일으키는 특성이 있다고 말했다. 하나로 된 마음자리에 머무르려면 이러한 사정을 잘 알고 언어와 생각에 속아 넘어가지 않아야 한다. 따라서 언어와 생각을 사용하되 이들을 편의적인 부호로 보고 분리, 차별, 배제의 수단이 아닌 통합, 화해, 포용의 수단으로 사용하여야 한다. 언어와 생각을 사용하면서 그것들의 한계를 뛰어넘어야 한다는 말이다. 이렇게 할 때 그동안 생각을 장악해 왔던 모든 '기준'에 대한 집착에서 자유로워지면서 그 어떤 다른 생각과도 하나 될 수 있는 길이 자연스럽게 열리게 될 것이다.

- 자신이 자주 얽혀 들어가는 다른 사람들과의 갈등 상황을 선정한다.
- 그 상황에 대한 자신의 생각과 판단 기준을 이전과 다르게 완전히 비워 둔다.
- 자신과 갈등 상태에 있는 상대방이 된 것처럼 상대방이 풀어놓는 이야기를 잘 듣는다.
- 상대방의 이야기를 들으며 자기 생각과 판단 기준이 언뜻언뜻 튀어나올 때마다 곧바로 알아차리고 내려놓은 다음, 다시 상대방의 이야기에 귀를 기울인다.
- 상대방의 생각을 충분히 공감하여 마음으로 하나가 된다.
- 하나 된 마음을 있는 그대로 표현한다.
- 이전과 다르게 반응하여 얻은 결과를 이전에 얻었던 결과들과 비교해 본다.
- 일상에서 접하는 다양한 상황, 특히 대인관계와 관련된 상황들에 앞의 과정을 반복하여 적용한다.

다음은 흔히 '공감적 이해'의 예로 활용되는 황희 정승의 예화다. 이 예화에서 나타나는 황희의 행동은 하나 된 마음으로 생각하고 살아가는 모습이 어떤 것인지 구체적으로 보여 준다.

어느 날 집안에 있는 여종들이 서로 싸우다가 한 여종이 와서 황희에게 호소하였습니다.

계집종 A: 계집종 B와 다투었는데 그 계집종은 매우 간악합니다.

황희: 네 말이 맞다.

이번에는 계집종 B가 와서 역시 계집종 A가 나쁘다는 것을 설명하였습니다.

황희: 네 말이 맞다.

곁에서 이를 지켜보던 황희의 아들이 못마땅한 말투로 말하였습니다.

아들: 어찌 아버지께서는 이 말도 옳고 저 말도 옳다고 하십니까?

황희는 역시 이렇게 대답했습니다.

황희: 네 말도 맞다.

언뜻 보면 판단력이 흐려서 오락가락하는 황희 정승의 줏대 없는 모습 또는 작은 일에 별로 신경을 쓰지 않는 대범한 모습을 보여 주는 일화라는 생각이 들게 한다(박성희, 2009, p. 93). 다 맞는 말이다. 하지만 조금 더 깊게 살펴보면 황희는 마치 자기 생각이 전혀 없는 사람인 듯 반응하고 있다. 자기 생각이 없으니 계집종 A와 B 그리고 아들의 말을 받아들이고 그와 하나 되지 못할 이유가 없다. 기준이 되는 어떤 생각도 간직하지 않은 채 투명하게 상대방의 이야기를 들으니 상대방의 생각과 하나가 될 수밖에 없다. 극단적으로 대립되는 두 가지 생각에 대해 모두 "네 말이 맞다." 며 받아들이는 반응은 이처럼 생각을 비워 둔 하나 된 마음에서 비롯되는 것이다.

7. 동체로 만나기

『대승기신론』에서는 진여훈습이 작용하는 양상을 자체상훈습과 용훈습으로 나누고 있다. 자체상훈습은 진여심 자체가 개인의 내면에서 일으키는 훈습이고, 용훈습은 개인 바깥에 있는 인연이 원인이 되어 그 사람의 내면에 있는 진여를 움직여 작용케 하는 훈습이다. 용훈습은 다시 차별연과 평등연으로 나뉘는데 이 중 평등연은 '나'와 '다른 존재', 조금 더 좁혀 말하면 '나'와 '너'가 동체로 만날 수 있는 가능성을 열어서 보여 준다. 원래 평등연은 개인의 수행이 깊어져서 허망한 생각을 버리고 깊은 삼매에 들었을 때 그 삼매에 진리의 몸(부처)이 나타나는 것을 뜻한다. 이는 진여의 차원에 들어갈 때 보통 사람과 깨달은 자의 차별이 없어져서 둘이 자연스럽게 하나의 몸이 되어 서로 통하게 되고 이렇게 동체가 되어 서로 통할 때 그 힘에 의하여 자연스럽게 진여의 작용이 일어난다는 것이다. 여기서 중요한 통찰을 얻을 수 있다.

'나'와 '너'는 하나의 몸, 즉 동체로 만날 수 있고 동체로 만날 때 참 진리에서 우러나는 생활을 할 수 있다는 점, 그런데 동체적 만남을 하기 위해서는 깊은 삼매에 들어가야 한다는 점이다. 거꾸로 말하면, 깊은 삼매에 들어갈 때 '나'는 '너'를 동체적으로 만날 수 있고 동체적 만남 속에서 참 진리에 충실한 생활을 살아갈 수 있다는 것이다. 그렇다면 '너'를 동체적으로 만나기 위하여, 그리하여 '너'로 하여금 진리의 세계에 머물러 이를 풍요롭게 누리게 하기 위하여, 먼저 '나'가 허망한 생각을 버리고 깊은 삼매의 세계로 들어가야 한다. '나'가 모든 생각을 멈추고 하나 된 마음자리에 들어갈 때 비로소 '너'와 동체적으로 만나는 일이 가능하다는 말이다. 그런데 따지고 보면 '너'와 '나'가 동체적으로 만나는 일은 전에 없던 새로운 관계를 만드는 것이 아니라 원래 동체였다가 갈라졌던 둘 사이를 다시 회복하는 것이다. '바르게 생각'하는 과정을 통해 언어와 생각의 농간으로 흐려졌던 마음을 투명하게 바로잡을 때 원래 '너'와 '나'의 마음에 깃들어 있던 하나 됨이 다시 복원된다는 뜻이다.

사람들이 그토록 간절하게 원하는 하나 되는 길, 동체적 만남의 길이 바로 '나' 자신에게 달려 있다. 그래서 실체 개념을 극복하고 언어와 생각의 환각에서 벗어나는 길을 안내한 앞의 여러 방법과 전략은 단순히 무애상담의 방법과 전략일 뿐 아니라 하나로 소통하기를 원하는 인류의 간절한 소망을 성취해 줄 방법과 전략이라는 점에서도 중요한 의미가 있다.

문제는 '너'인 상대방이 동체적으로 만날 준비가 되어 있지 않은 경우다. 이럴 경우 상대방을 어떻게 대하고 어떻게 만나는 게 동체적으로 만나는 것일까? 동체적 만남은 상대방의 준비 여부와 상관없다. 하나 된 마음에서 보는 상대방의 언행은 '나'와 분리된 것이 아닌 나의 연장이요 나의 다른 표현이다. 하나 된 마음은 상대방과 '나'가 이미 하나가 되어 있다는 말로서 상대방의 상태나 준비 여부와 아무 상관없이 성립한다. 하나 된 마음에서 '나'와 '너'는 실제 몸으로 떨어져 있기는 하지만 본질상 서로의 다른 '나타냄'이요 다른 '드러남'일 뿐이다. 따라서 동체적 만남은 '나'를 대하듯 '너'를 대하는 만남이다. '너'의 언행은 '너'의 언행이면서 동시에 '나'의 언행이다. 다시 말해, '너'의 언행은 나의 어떠함이 투영되고 실현된 행동이라는 것이다. 따라서 나의 언행을 받아들이듯 너의 언행 역시 나의 것으로 받아들이는 만남, 이것이 동체적 만남이다(박성희, 2015, p. 118). 동체적 만남을 일상에 적용하기 위해 다음과 같은 연습이 도움이 될 수 있다.

- 눈에 거슬리고 못마땅하게 여겨지는 상대방의 언행을 선정한다.
- 문제가 되는 상대방의 그 언행을 자신의 모습이 그대로 투영된 것으로 받아들인다.
- 상대방을 자신에게 "이런 느낌을 주는 것이 바로 당신 모습이야."라는 메시지를 전해 주는 메신저로 인정한다.
- 자신에게 다른 사람의 눈을 거슬리고 못마땅하게 하는 또 다

른 언행이 있는지 찾아본다.

- 사람들과 갈등이 생길 때 앞의 절차를 반복하며 자기성찰을
  이어 간다.

상황: 어머니를 모시고 병원 응급실에 갔는데 레지던트 수련 중이라
고 여겨지는 한 젊은 의사가 상당히 건방지게 행동한다. 일방적으로 자
기 이야기만 쏟아 놓더니 휙 돌아서 가는 그 모습에 '뭐 저런 건방진 게
있나.' 하는 생각에 화가 났다.

동체적 만남: 그 젊은 의사의 건방진 행동은 나의 행동을 투영한 것
이다. 나의 행동 어딘가에 사람들로 하여금 나를 건방지고 오만하게 느
끼게 하는 부분이 있음에 틀림없다. 젊은 의사는 나에게 그런 메시지를
전해 주기 위해 배달부(메신저) 역할을 했을 따름이다. 나의 건방짐과
오만함에 대해 성찰해 봐야겠다.

일찍이 로저스는 상담에서 동체적 만남이 가져오는 치유 효과
에 대하여 언급한 바 있다. 물론 그가 직접 '동체적 만남'이라는
용어를 사용한 적은 없지만 내용으로 보아 그렇게 이해해도 무리
가 없다. 로저스의 다음 글은 서양 상담 역시 동체적 만남의 중요
성을 인정하고 있음을 보여 준다. 동서양을 막론하고 동체적 만남
은 상담이 지향하는 이상적 만남임이 분명하다.

내가 나의 내적·통찰적 자아와 가장 가까이 있을 때, 내가 자신 속
에 있는 알려지지 않은 부분과 접촉하고 있을 때, 아마도 내가 약간 다

른 상태의 의식에 있을 때, 내가 하는 무엇이든지 치유적 힘이 충만한 것처럼 보입니다. 그리고 나의 현전재(presence) 자체가 다른 사람들을 즐겁게 하고 도움이 됩니다. 이 체험을 강요하기 위하여 내가 할 수 있는 것은 아무것도 없습니다. 하지만 내가 이완되고 나 자신의 초월적 핵심에 가까이 있을 때 나는 관계에서 내가 합리화하기 어려운 다소 이상하고 충동적인 방법으로 행동하기도 하는데, 이는 나의 의도적인 생각과 아무 관계가 없습니다. 그러나 이 이상한 행동은 조금 이상한 방법으로 결국 옳았다고 증명됩니다. 이는 마치 나의 내부 영혼이 뻗어 나와 다른 사람의 내부 영혼에 닿는 것처럼 보입니다. 우리의 관계는 '우리'를 초월해서 보다 큰 어떤 것의 일부가 되는 것 같습니다. 그 순간 아주 깊은 성장과 치유와 에너지가 함께 존재합니다(Rogers, 1980, p. 129).

8

에필로그

　'정말 대단하다!' 글을 마무리하며 나오는 탄성이다. 원효의 삶과 사상은 어처구니가 없을 정도로 위대하다. 그를 지금까지 모르고 살아왔다는 게 이상할 지경이다. 해골에 담긴 물을 마시고 당나라 유학을 포기한 분, 일체유심조를 외치며 무애행을 하신 분 정도로만 그를 알았던 내가 부끄럽다. 우리 역사에 이렇게 대단한 분이 당당히 버티고 있는데, 그동안 상담을 공부한다고 무얼 했는지 스스로 한심스럽다. 위대한 철학자요 사상가이면서 동시에 실천하는 상담가로서 민중에게 평안하고 자유로운 삶을 누리는 비밀을 열어 주신 분! 뒤늦게나마 그를 알고 그를 통해 동양 상담의 길, 더 넓게는 미래 상담이 나아가야 할 새로운 길을 만날 수 있어 천만다행이다.

이 글은 원효의 삶과 사상을 바탕으로 무애상담이라는 새로운 상담적 접근법을 탐색했다. 비록 주석서와 해설서들을 통해서였지만 원효를 읽으면서 상담의 새 길을 개척할 수 있다는 자신감을 얻었다. 1,400여 년 전이라는 오래된 옛날에 펼쳐진 사상과 철학이 현대 상담학의 새로운 방향타가 될 수 있다는 사실에 그저 놀라울 따름이다. 온고지신이라는 말이 딱 어울리는 상황이다. 이제 동양상담은 단순히 동양이라는 지역에서 벌어진 상담 활동을 정리하는 차원을 넘어서 현대 상담에 혁명을 일으킬 수 있는 혁신적인 상담 패러다임으로 자리 잡게 될 것이다. 기껏해야 요가나 명상이 전부인 것으로 알려졌던 동양상담은 이제 제 모습을 제대로 드러낼 때가 되었다. 서양에서 시작된 '상담'의 철학, 원리, 방법과 확연하게 구별되는 한 차원 높은 상담 지식이 동양에서 쏟아져 나올 것이다. '더하고 넣는 상담'이 아닌 '덜고 빼는 상담', 인지상담이 아닌 바르게 생각하는 '정사상담(正思相談)'이 그 길을 열어 갈 것이다. 무애상담은 그 첫걸음이다.

필자는 이 글을 세 달이 넘기 전에 마무리 지었다. 원효를 읽은 감동에 사로잡혀 그야말로 폭풍처럼 달려왔다. 아직도 그 흥분이 가시지 않는다. 이렇게 서두른 덕분에 무애상담의 첫 장을 열게 된 것은 참으로 다행한 일이다. 그러나 이렇게 서둘렀기 때문에 여기저기 허술한 부분이 많을 수밖에 없다. 생각이 촘촘하지 못한 곳도 있을 것이고, 원효의 참 의도에서 빗나간 곳도 있을 것이며, 설명이 부족한 부분도 있을 것이다. 앞으로 시간이 나는 대로 찬찬히 다시 읽으며 새로운 사색과 연구를 더하여 보충해 갈 것이다. 그러나 당분간 원효를 만난 행복 그리고 무애상담의 문을 열어젖힌 행복에 흠뻑 젖어 평안함과 자유로움을 만끽하고 싶다. 모든 존재가 참 아름답다!

참고문헌

고영섭(2009). 나는 오늘도 길을 간다: 원효, 한국 사상의 새벽. 경기: 한
　길사.

김성철(2006). 중관사상. 서울: 민족사.

김제란(2007). 원효의 대승기신론 소·별기: 한마음, 두 개의 문. 서울: 삼
　성출판사.

김형효(2000). 원효에서 다산까지: 한국 사상의 비교철학적 해석. 경기:
　청계.

도 병 훈 (2003). 원 효 의 사 상 과 삶 , 그 현 대 적 의미
　(http://icaseoul.com, 2003년 12월 19일).

박성희(2002). 상담과 상담학(3): 상담의 도구. 서울: 학지사.

박성희(2007a). 마음과 상담. 서울: 학지사.

박성희(2007b). 불교와 상담. 서울: 학지사.

박성희(2007c). 모리타 상담. 서울: 학지사.

박성희(2009). 공감. 서울: 이너북스.

박성희(2010). 행복한 삶을 위한 생각처방전. 서울: 이너북스.

박성희(2012). 수용. 서울: 이너북스.

박성희(2013). Carl Rogers의 현전재성에 대한 고찰: A way of being 을 중심으로. 초등상담연구, 12(2), 179-198.

박성희(2014). 인간관계의 필요충분조건. 서울: 학지사.

박성희(2015). 나의 '지금'에게 길을 묻다. 서울: 학지사.

박태원(2012). 원효: 하나로 만나는 길을 열다. 경기: 한길사.

박태원(2014). 원효의 『금강삼매경론』 읽기: 선의 철학, 철학의 선. 서울: 세창미디어.

서동은(2008). 대승불교의 형이상학 비판의 논리. 철학·사상·문화 (동국대학교 동서사상연구소), 7, 49-71.

유윤한 역(2010). 생각 버리기 연습(코이케 류노스케 지음). 경기: 21세기북스.

은정희 역주(1991). 원효의 대승기신론소·별기(원효 지음). 서울: 일지사.

은정희, 송진현 역주(2000). 원효의 금강삼매경론(원효 지음). 서울: 일지사.

이기영(2005). 열반종요강의(불연 이기영 전집 제33권). 서울: 한국 불교연구원.

정승석(1996). 인간을 생각하는 다섯 가지 주제. 서울: 대원정사.

지안스님(2004). 월간반야(2004년 2월 39호).

한자경(2013). 대승기신론 강해. 서울: 불광출판사.

Rogers, C. R. (1980). *A way of being*. Boston: Houghton & Mifflin.

저자 소개

박성희(Park, Sunghee)

서울대학교 교육학과에서 학사, 석사, 박사 학위를 취득하였다. 한국행동과학연구소 상담실 책임연구원, 미국 위스콘신 대학교 상담학과와 캐나다 브리티시컬럼비아 대학교 상담학과에서 객원교수를 지냈으며, 현재 청주교육대학교 교수로 재직 중이다.

박성희의 저서는 네 갈래로 나눌 수 있다.

첫째, 상담학의 학문적 토대를 다지는 저서로서 『상담과 상담학 시리즈 3권』(공저, 2003), 『공감학: 어제와 오늘』(2004), 『상담학 연구방법론』(2판, 2014) 등이 있다.

둘째, 동양상담과 한국상담의 새로운 비전을 열어 가는 저서로서 동양상담학 시리즈가 있다.

셋째, 상담 지식의 대중화를 모색하는 저서로서 『동화로 열어가는 상담 이야기』(개정판, 2007), 『황희처럼 듣고 서희처럼 말하라』(2007), 『마시멜로 이야기에 열광하는 불행한 영혼들을 위하여』(2008), 『행복한 삶을 위한 생각처방전』(2010), 『시대를 넘어선 멘토 아버지』(2014) 등이 있다.

넷째, 학교 현장의 개선을 위해 상담 지식을 적용한 저서로서 『꾸중을 꾸중답게 칭찬은 칭찬답게』(2005), 『담임이 이끌어 가는 학급상담』(2판, 2009), 『원더풀 티처스-선생님은 해결사 시리즈 10권』(공저, 2010), 『학교폭력 상담 시리즈 2권』(공저, 2012), 『학교폭력의 예방과 상담』(2판, 공저, 2016) 등이 있다.

저서 중 『상담과 상담학 시리즈 3권』(공저, 2003)은 대한민국학술원의 우수학술도서로, 『공감』(2009)과 『행복한 삶을 위한 생각처방전』(2010)은 문화체육관광부의 우수교양도서로 선정된 바 있다. 작년에는 학자이면서 상담자로 살아온 지난 35년의 삶을 에세이 형식으로 『나의 '지금'에게 길을 묻다』(2015)라는 책에 담았다.

저자는 앞으로 동양상담과 한국상담의 원형을 찾아 현대화하는 작업과 상담 지식을 대중화하는 작업에 힘을 모을 생각이다. 삶의 평안함과 자유로움 그리고 행복을 누리며 살고 싶은 모든 이에게 우리가 발굴한 상담 지식이 도움이 될 수 있기를 간절한 마음으로 기도한다.

동양상담학 시리즈 16

원효의 한마음과 무애상담
Wonhyo's One-mind and Hindrance-free Counseling

2016년 10월 10일 1판 1쇄 인쇄
2016년 10월 20일 1판 1쇄 발행

지은이 • 박성희
펴낸이 • 김진환
펴낸곳 • (주) **학지사**
          04031 서울특별시 마포구 양화로 15길 20 마인드월드빌딩
대표전화 • 02)330-5114   팩스 • 02)324-2345
등록번호 • 제313-2006-000265호

홈페이지 • http://www.hakjisa.co.kr
페이스북 • https://www.facebook.com/hakjisabook

ISBN | 978-89-997-1093-3 94180

      978-89-5891-400-6 (set)

정가 13,000원

이 도서의 국립중앙도서관 출판시도서목록(CIP)은 서지정보유통지
원시스템 홈페이지(http://seoji.nl.go.kr)와 국가자료공동목록시스템
(http://www.nl.go.kr/kolisnet)에서 이용하실 수 있습니다.
(CIP 제어번호: CIP2016023651)

교육문화출판미디어그룹 **학지사**

심리검사연구소 **인싸이트** www.inpsyt.co.kr
원격교육연수원 **카운피아** www.counpia.com
학술논문서비스 **뉴논문** www.newnonmun.com

동양상담학 시리즈

❶ 마음과 상담

박성희 저

2007년
사륙판 · 양장 · 108면 · 7,000원
ISBN 978-89-5891-401-3 94180

❷ 불교와 상담

박성희 저

2007년
사륙판 · 양장 · 108면 · 7,000원
ISBN 978-89-5891-402-0 94180

❸ 선문답과 상담

박성희 저

2007년
사륙판 · 양장 · 88면 · 7,000원
ISBN 978-89-5891-403-7 94180

❹ 논어와 상담

박성희 저

2007년
사륙판 · 양장 · 112면 · 7,000원
ISBN 978-89-5891-404-4 94180

❺ 퇴계 유학과 상담

박성희 저

2007년
사륙판 · 양장 · 100면 · 7,000원
ISBN 978-89-5891-405-1 94180

❻ 도덕경과 상담

박성희 저

2007년
사륙판 · 양장 · 128면 · 7,000원
ISBN 978-89-5891-406-8 94180

❼ 모리타 상담

박성희 저

2007년
사륙판 · 양장 · 88면 · 7,000원
ISBN 978-89-5891-407-5 94180

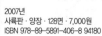

학지사는 깨끗한 마음을 드립니다

❽ 나이칸 상담

박성희 저

2007년
사륙판 · 양장 · 92면 · 7,000원
ISBN 978-89-5891-408-2 94180

❾ 동사섭 상담

박성희 저

2007년
사륙판 · 양장 · 96면 · 7,000원
ISBN 978-89-5891-409-9 94180

❿ 고전에서 상담 지식 추출하기

박성희 저

2008년
사륙판 · 양장 · 96면 · 7,000원
ISBN 978-89-5891-604-8 94180

⓫ 한국 문화와 상담

박성희 · 이동렬 공저

2008년
사륙판 · 양장 · 128면 · 7,000원
ISBN 978-89-5891-605-5 94180

⓬ 다산과 상담

이재용 저

2009년
사륙판 · 양장 · 184면 · 7,000원
ISBN 978-89-6330-240-9 94180

⓭ 연암과 상담

정미정 · 박성희 공저

2010년
사륙판 · 양장 · 176면 · 7,000원
ISBN 978-89-6330-545-5 94180

⓮ 신사임당과 상담

권정현 · 박성희 공저

2015년
사륙판 · 양장 · 192면 · 9,000원
ISBN 978-89-997-0810-7 94180

⓯ 장자와 상담

최준섭 저

2016년
사륙판 · 양장 · 200면 · 10,000원
ISBN 978-89-997-0921-0 94180

.